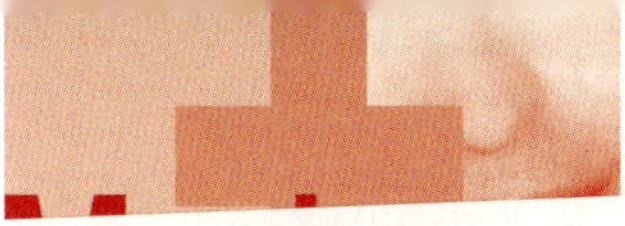

Insomnie

Broquet

97-B, Montée des Bouleaux, Saint-Constant, PQ, Canada J5A 1A9,
Tél. : (450) 638-3338 Téléc. : (450) 638-4338 Internet : http ://www.broquet.qc.ca
Courriel : info@broquet.qc.ca

Catalogage avant publication de Bibliothèque et Archives Canada

Vedette principale au titre :

Insomnie

(MedExpress)

Traduction de: Overcoming insomnia.

ISBN 2-89000-783-9

1. Insomnie - Médecines parallèles - Ouvrages de vulgarisation. 2. Insomnie - Traitement - Ouvrages de vulgarisation. I. Ledilicocq, Pierre-Yves. II. Périllat, Françoise. III. Collection: MedExpress (Saint-Constant, Québec).

RC548.O8314 2006 616.8'498206 C2006-940926-9

Pour l'aide à la réalisation de son programme éditorial, l'éditeur remercie:
Le gouvernement du Canada par l'entremise du programme d'aide au développement de l'industrie de l'édition (PADIÉ); La Société de développement des entreprises culturelles (SODEC); L'Association pour l'exportation du livre canadien (AELC); Le gouvernement du Québec – Programme de crédit d'impôt pour l'édition de livres – Gestion SODEC.

Rédacteur: Simon St. John Bailey
Direction éditoriale: Isabel Toyos
Direction artistique: Aline Talavera

Dépôt légal – Bibliothèque nationale du Québec
3e trimestre 2006

Traduction: Pierre-Yves Ledilicocq
Révision: Denis Poulet, Marcel Broquet

ISBN: 2-89000-783-9

Imprimé en Malaisie

NOTE:

Ce guide vise à présenter des informations d'ordre général sur le sujet. Il ne prétend aucunement remplacer un diagnostic médical personnalisé, les conseils et les traitements prescrits par un médecin ou tout autre membre du personnel de la santé.

Il faut toujours consulter son médecin ou un professionnel de la santé avant d'entreprendre toute forme de traitement.

Les éditeurs et les auteurs se dégagent de toute responsabilité, perte, blessure ou dommage résultant, directement ou indirectement, de l'utilisation et de la mise en pratique du contenu de ce livre.

Table des matières

INTRODUCTION

Qu'est-ce que l'insomnie ?......................................4
Qu'est-ce qui cause l'insomnie ?..............................6
Changer son mode de vie 8

THÉRAPIES COMPLÉMENTAIRES

Visualiser pour se détendre 12
Méditer pour mieux dormir 14
Un sommeil réparateur grâce au yoga 16
La relaxation par le *Do-in* 20
La réflexologie pour le mieux-être........................32
Massages reposants..34
L'hydrothérapie 36

PLANTES MÉDICINALES

Le repos par les plantes médicinales.....................40

LES ALIMENTS QUI GUÉRISSENT

Bien s'alimenter pour mieux dormir.....................50
Un régime pour mieux dormir et avoir plus
d'énergie 60

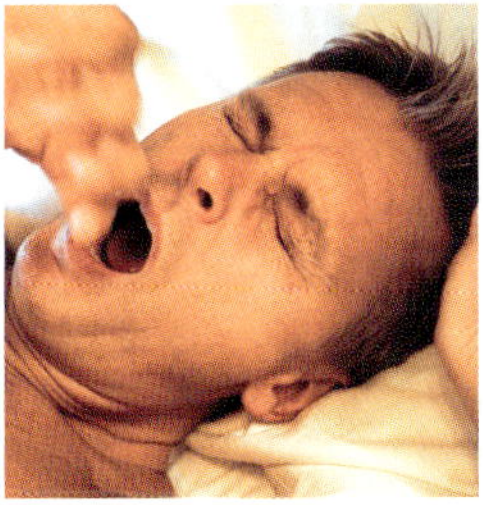

Qu'est-ce que l'insomnie ?

Le sommeil est l'une des fonctions les plus importantes et naturelles dont nous avons tous besoin quotidiennement. C'est aussi l'une des plus vulnérables puisqu'elle est sujette aux facteurs physiques et externes qui entravent notre repos. En Occident, une personne sur trois souffre d'insomnie.

Le sommeil permet au corps et à l'esprit de se régénérer et de récupérer l'énergie dépensée pendant la journée, il nous aide à rester actifs et éveillés au cours de nos activités quotidiennes.

Pendant le sommeil, nous passons par plusieurs états périodiques au cours desquels notre conscience du monde extérieur est interrompue, ce qui permet à l'organisme de se reposer. Notre cerveau possède des fonctions et des structures variées, ainsi que des « centres du sommeil » qui régulent les cycles de sommeil et d'éveil. Simultanément, l'organisme sécrète des substances chimiques qui favorisent un état de somnolence. Quand ce processus est altéré par le stress, les inquiétudes, les déséquilibres et la maladie physiologique, l'insomnie risque de se manifester.

IL EXISTE TROIS TYPES D'INSOMNIE

- **L'insomnie aiguë/transitoire.** S'étend sur une ou plusieurs nuits. Elle est souvent provoquée par des modifications ponctuelles à nos habitudes, par exemple les voyages, les changements d'horaire, les soucis ou les disputes.

- **L'insomnie légère.** Elle est causée par certaines maladies ou des déséquilibres physiques, ou par des épisodes de stress circonstanciels. Ne persiste pas plus de trois semaines.

L'insomnie chronique. Pour les spécialistes, c'est là un véritable trouble du sommeil. Il se répète nuit après nuit, provoque l'angoisse et peut dépasser un mois ou plus (et parfois durer plusieurs années).

Suivant la phase du sommeil pendant laquelle elle se manifeste, l'insomnie peut être classée comme étant :

- **initiale :** c'est la difficulté à s'endormir et c'est le symptôme le plus courant ;
- **intermittente :** consiste à se réveiller plusieurs fois au cours de la nuit et à avoir du mal à se rendormir ;
- **terminale :** consiste à se réveiller plus souvent que d'habitude et à être incapable de se rendormir.

LES TROUBLES DU SOMMEIL

- *Vous n'arrivez pas à dormir, ni à franchir les phases du cycle du sommeil.*
- *Vous n'arrivez pas à atteindre les phases III et IV du cycle du sommeil, vous dormez mal et souffrez de somnolence diurne.*
- *Pendant votre sommeil, vous n'atteignez pas le sommeil paradoxal, cette phase où les rêves se produisent, accompagnés de mouvements oculaires rapides, et qui est essentielle au soulagement des tensions et de l'anxiété. Un manque de sommeil paradoxal peut conduire à un état émotif instable.*
- *Votre sommeil est interrompu à plusieurs reprises pendant la nuit et vous vous réveillez en ayant l'impression de ne pas avoir dormi.*

LES PHASES DU SOMMEIL

L'organisme traverse différentes phases pendant le sommeil, passant d'un sommeil léger à un état de sommeil profond. Le diagramme suivant illustre une nuit de sommeil normale pour un jeune adulte.

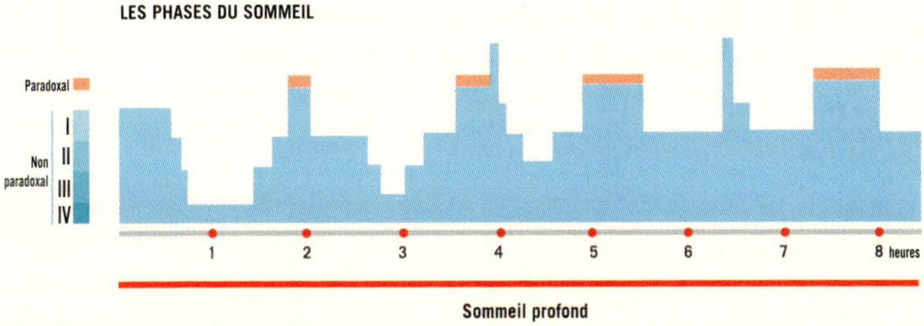

Phase I
Lorsque vous vous endormez, le sommeil est léger et l'activité cérébrale continue d'être stimulée.

Phase II
Les ondes cérébrales ralentissent et le système nerveux bloque la capacité de traiter les données sensorielles, ce qui favorise le sommeil. Cette phase contribue à la régénération de l'organisme, mais elle n'est pas suffisante pour un repos complet.

Phase III
Les ondes cérébrales sont encore plus ralenties, annonçant un sommeil profond. C'est une phase essentielle pour un repos complet.

Phase IV
Le sommeil profond est l'étape la plus importante du sommeil, où l'activité cérébrale est réduite au minimum. C'est une phase fondamentale de récupération pour l'organisme et l'esprit.

Qu'est-ce qui cause l'insomnie ?

Chercher le sommeil quand on est fatigué et ne pas arriver à s'endormir peut être une véritable torture. N'attendez pas de souffrir d'insomnie chronique pour suivre quelques conseils qui vous aideront à mieux dormir. Plusieurs trucs soulagent les troubles légers du sommeil, par exemple si vous êtes anxieux ou bouleversé et que vous n'arrivez pas à fermer l'œil de la nuit.

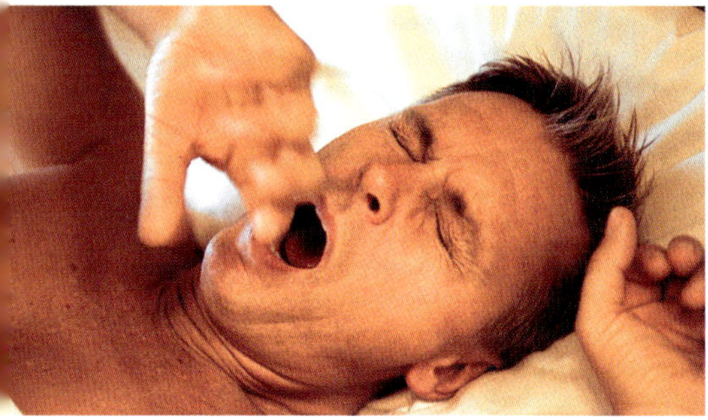

Parmi les différents facteurs qui provoquent l'insomnie, mentionnons :

- Le stress. Vous êtes angoissé par vos problèmes personnels ou en dépression.
- Le mode de vie. Changements d'horaire, nuits blanches, problèmes au travail, décalage horaire, fêtes, siestes prolongées et horaire irrégulier.
- Les facteurs environmentaux. Le bruit, un lit inconfortable, un matelas trop mou, un oreiller trop ferme, la lumière et les températures extrêmes peuvent tous affecter le sommeil.

TENEZ UN JOURNAL DU SOMMEIL

En consignant chaque jour vos habitudes de sommeil, vous saurez mieux identifier les facteurs ou les habitudes qui vous empêchent de profiter d'une bonne nuit de sommeil. Au réveil, notez l'heure à laquelle vous vous êtes couché la veille, combien de temps vous avez mis à vous endormir, si vous étiez éveillé pendant la nuit, ce à quoi vous pensiez, si vous aviez des inquiétudes avant d'aller au lit et ce que vous avez mangé. Au bout de 15 jours, vous aurez un profil de vos habitudes courantes et vous saurez modifier les facteurs négatifs.

À CHAQUE DOULEUR SA POSITION

- **Troubles circulatoires des jambes et douleurs nocturnes.** Dormez sans oreiller et surélevez le pied du lit ou du matelas pour améliorer la circulation dans les jambes.
- **Troubles respiratoires.** La meilleure position consiste à dormir sur le côté plutôt que sur le ventre ou sur le dos.
- **Arthrite.** Faites reposer la ou les régions affectées et douloureuses sur un oreiller ou sur un appui.
- **Troubles digestifs.** Évitez de dormir sur le ventre et de manger avant d'aller au lit. Autant que possible, surélevez la tête et le torse.

■ La surconsommation d'aliments et d'alcool. Un repas trop chargé en aliments composés de gras saturés pris avant d'aller au lit, ainsi que l'alcool et d'autres stimulants peuvent avoir un effet néfaste sur le sommeil.

■ Un exercice physique trop exigeant ou un mode de vie sédentaire. Faire de l'exercice avant d'aller au lit peut causer l'insomnie, tout comme ne pas en faire assez.

■ Les habitudes à l'heure du coucher. Lire, écouter de la musique, regarder la télévision ou faire une activité stimulante une fois au lit peuvent nuire au sommeil.

■ La maladie et autres problèmes médicaux. Il est fréquent que les personnes affligées par la maladie ou de divers troubles physiologiques souffrent d'insomnie. Un faible taux de sucre dans le sang, des problèmes de thyroïde, des troubles respiratoires ainsi que certains médicaments peuvent provoquer ou exacerber l'insomnie.

LE SOMMEIL PARADOXAL

Nous rêvons pendant le sommeil paradoxal, qui peut avoir lieu à n'importe quelle phase du cycle du sommeil. Au cours du sommeil paradoxal, qui se manifeste en de courts épisodes, la respiration se fait plus rapide, irrégulière et peu profonde, le mouvement oculaire est rapide et multidirectionnel, et les muscles des membres deviennent temporairement paralysés. Comme les tensions quotidiennes sont évacuées pendant le sommeil paradoxal, c'est une phase essentielle pour le maintien d'un état d'esprit sain.

Changer son mode de vie

Pour traiter une insomnie qui peut occasionner des troubles physiques, mentaux et émotifs, la première mesure à prendre consiste à adopter des habitudes saines et à créer un environnement propice à une bonne nuit de sommeil.

✚ Changer ses habitudes quotidiennes ne se fait pas d'un jour à l'autre. Pour y parvenir, il faut rester optimiste et examiner les effets positifs et négatifs de ses habitudes. Adopter une telle perspective vous aidera à modifier votre comportement et à mieux vous reposer.

Pour mieux dormir, il est préférable de :

- S'abstenir de consommer de la caféine ou de l'alcool plusieurs heures avant d'aller au lit. Bien que l'alcool agisse initialement comme un calmant, il peut interrompre le déroulement normal du sommeil. Il en est de même de la cigarette. Pourquoi ne pas songer à arrêter de fumer ? La fumée du tabac congestionne les passages respiratoires et enflamme les parois des muqueuses, gêne la circulation de l'oxygène et contribue ainsi à l'insomnie.
- Ne pas trop manger avant d'aller au lit, car la digestion peut entraver le cycle du sommeil.
- Rester au lit même si vous n'arrivez pas à dormir. Évitez de manger ou de boire si vous ne trouvez pas le sommeil. Il est préférable de rester allongé dans une pièce chaude et assombrie.
- Éviter de « rattraper » le sommeil perdu en dormant plus longtemps pendant vos journées de

congé. Certaines personnes ont tendance à profiter du week-end pour dormir jusqu'à midi. Ce type de comportement est néfaste à l'horloge biologique.

- Ne pas apporter ses soucis au lit. Si vous avez l'habitude de préparer la veille une liste des tâches à accomplir le lendemain, faites-la quelques heures avant d'aller au lit, vous dormirez avec les idées plus claires.
- Faire de votre chambre à coucher un sanctuaire pour le repos. Cette pièce ne doit pas servir au travail ni à payer des factures, par exemple. Efforcez-vous de réserver ce lieu au repos et à l'intimité.
- Se réveiller à l'heure prévue et de résister à la tentation de se rendormir. Évitez de faire une sieste au cours de la journée.
- Organiser la journée de sorte que les activités les plus exigeantes aient lieu le matin ou en début d'après-midi, quand vous êtes plus d'attaque.
- Placez-vous sous un rayon de soleil sitôt réveillé.
- N'allez pas vous coucher au moindre signe de fatigue. Il est préférable d'attendre l'heure prévue et de ne pas la devancer.

10 TRUCS POUR UN SOMMEIL BIENFAISANT

1. **Placez-vous dans une position confortable.**
2. **Évitez de dormir sur le ventre.**
3. **Assurez-vous que la pièce où vous dormez soit bien aérée et la température constante.**
4. **Évitez le bruit et la lumière.**
5. **Procurez-vous un bon oreiller.**
6. **Ne nettoyez pas la pièce avec des produits chimiques parfumés.**
7. **Empêchez votre chat ou votre chien de dormir sur le lit.**
8. **Ne gardez pas de plantes dans la chambre.**
9. **N'allez jamais vous coucher avant de vous être démaquillé ou d'avoir fait vos ablutions.**
10. **Évitez de dormir dans une pièce qui a été repeinte récemment.**

- Établissez un programme d'activités régulières, comportant des exercices physiques et des activités sociales, afin de vous fatiguer par des activités agréables tout en gardant les idées claires.
- Essayez de prendre vos repas à heures fixes et de respecter un horaire pré-établi pour vous coucher et vous lever.
- Évitez de manger ou de boire au lieu de dormir, car vous risqueriez de perturber votre rythme biologique.
- Faites de l'exercice pendant la journée, mais jamais juste avant d'aller vous coucher. Ne pratiquez pas d'exercices dans les quatre heures précédant le coucher.
- Pendant la période de transition de vos habitudes, consacrez les moments de la journée où vous êtes le plus alerte au travail, aux activités physiques et intellectuelles. Il est sain de diviser la journée en trois segments : le travail, le repos et le sommeil. Au fil du temps, cette routine de travail-repos-sommeil vous rendra plus productif.
- Ces conseils n'ont aucun effet secondaire sur votre santé.

LES RITUELS QUI INCITENT AU SOMMEIL

Une bonne douche chaude, quelques minutes à lire ou à écouter de la musique, à la lumière d'une chandelle ou en humant un parfum d'encens, une tisane ou des techniques de relaxation sont tous des moyens de signaler à l'organisme qu'il est temps de ralentir et de se préparer au sommeil.

LES SOMNIFÈRES

Évitez de consommer des somnifères sans ordonnance et assurez-vous que les médicaments prescrits ne causent pas l'insomnie. L'efficacité des suppléments et autres « somnifères » en vente libre n'est pas démontrée. De plus, certains ont des effets secondaires. Les somnifères antihistaminiques, tout particulièrement, ont une longue durée d'action et peuvent provoquer la somnolence pendant la journée. Discutez de vos inquiétudes avec votre médecin ou avec un professionnel de la santé.

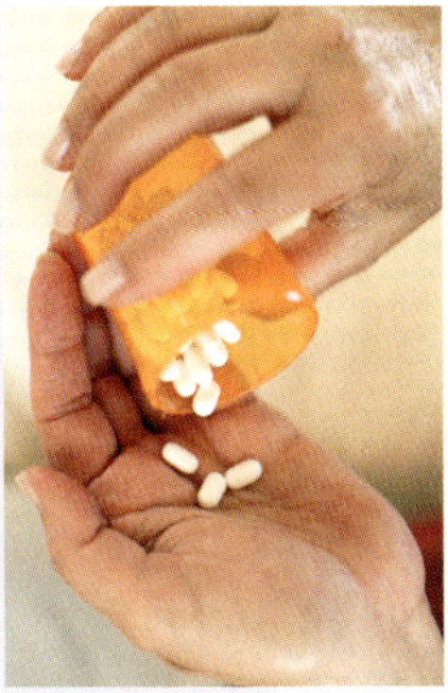

COMBIEN DE TEMPS DOIT-ON DORMIR ?

Chaque personne a des besoins différents. Pour bien récupérer, l'adulte moyen doit dormir huit heures, mais la durée du sommeil varie en fonction de l'âge et de l'individu.

- Les nouveau-nés peuvent dormir jusqu'à 20 heures par jour.
- Les jeunes enfants peuvent dormir jusqu'à 16 heures par jour.
- Les enfants âgés de 6 ans peuvent dormir 12 heures par jour.
- Les adultes peuvent dormir 8 heures par jour.
- Les personnes âgées n'ont généralement pas besoin de plus de 6 heures de sommeil par jour.

UNE BONNE POSITION POUR DORMIR

La meilleure position est sur le dos, pourvu que celui-ci soit bien droit. Il n'est pas conseillé de dormir sur le ventre, car cette position peut nuire à une bonne posture. De plus, pour respirer dans cette position, il faut garder la tête tournée pendant plusieurs heures. Dormir sur le côté (surtout le côté droit) est une option intermédiaire pour vous aider à récupérer.

Visualiser pour se détendre

La relaxation a un effet tout à fait opposé à la tension. Lorsque vous êtes dans un état de relaxation, le rythme cardiaque ralentit, la respiration est moins rapide, la tension artérielle baisse, les muscles se détendent et le niveau d'anxiété s'amenuise.

La première étape de la relaxation consiste à apprendre à respirer correctement, en régularisant le rythme de la respiration par les poumons et en établissant un lien avec ses émotions.

La respiration abdominale est une technique simple et efficace. Quand vous inspirez profondément l'air dans vos poumons, ceux-ci exercent une pression sur le diaphragme et l'abdomen prend de l'expansion.

RÊVERIE RELAXANTE

Les techniques de relaxation par la visualisation varient d'une école de pensée à l'autre et d'une personne à l'autre. Voici une méthode simple et efficace :

1. Allongez-vous dans votre lit, prêt à vous endormir. Fermez les yeux et pratiquez la respiration abdominale (voir l'encadré *Respiration relaxante*, ci-contre).

2. Concentrez-vous et visualisez l'ensemble de votre corps, de bas en haut : les orteils, les pieds, les jambes, les fesses, l'abdomen, le dos, la poitrine, les bras, les épaules et le cou, jusqu'au visage. Tout en expirant, relâchez la tension dans chaque partie du corps et dans les muscles.

3. Pensez ensuite à votre respiration et chuchotez des mots ou des phrases anodines, tels que « un », « paix », « je suis détendu », « je suis calme », à chaque expiration. Essayez de visualiser des images agréables tout en pratiquant cette technique. Penser à des choses anodines ou répétitives distrait les idées et favorise le sommeil.

4. Chaque fois que vous pensez à quelque chose, laissez cette pensée passer, un peu comme un nuage dans le ciel. Ne vous y arrêtez pas. Continuez jusqu'à ce que vous soyez endormi.

RESPIRATION RELAXANTE

Pour pratiquer une respiration abdominale correcte, commencez en plaçant une main sur la poitrine et l'autre sur l'abdomen. Respirez par le nez en respectant l'ordre des étapes 1 et 2 ci-dessous. La main posée sur l'abdomen se soulève quand l'abdomen prend de l'expansion, pendant que la main sur la poitrine demeure immobile. Expirez par la bouche et d'un souffle léger. Faites cet exercice en suivant les étapes suivantes :

1. Inspirez profondément par le nez et laissez l'abdomen prendre de l'expansion.

2. Gardez votre souffle quelques secondes, puis expirez lentement, en prenant deux fois plus de temps qu'à l'inspiration.

Ces exercices peuvent être pratiqués en position allongée avec un livre posé sur l'abdomen. Le livre se soulèvera quand l'air prend place dans l'abdomen, puis retrouvera lentement sa position d'origine après l'expiration.

Méditer pour mieux dormir

La visualisation créative et la méditation sont très efficaces pour combattre l'insomnie. Ceux qui méditent estiment qu'au fil du temps le sommeil devient plus profond et plus salutaire. Ils sont plus éveillés et détendus tout au long de la journée.

En faisant appel à votre imagination, la visualisation sert à créer des réalités (ou des images) subjectives qui relaxent l'esprit. C'est un moyen positif pour dormir plus profondément et améliorer ainsi votre santé d'une manière générale. L'exercice suivant vous aidera à vous détendre et à vous reposer.

UN ENDROIT MAGIQUE

L'objectif de la visualisation est de créer un endroit imaginaire où votre esprit prendra un « congé mental ». Il peut s'agir par exemple d'un paysage qui vous est familier et auquel vous ajouterez quelques détails (un hamac, de la musique, des palmiers), ou encore d'un endroit tout à fait imaginaire. Une fois votre esprit fixé sur l'endroit de votre escapade mentale, pratiquez l'exercice suivant. Lorsque l'exercice est terminé, votre endroit imaginaire sera encore plus détaillé et sera gravé dans votre mémoire ; vous pourrez y revenir quand bon vous semble.

FERMEZ LES YEUX

Visualisez le chiffre **3**, trois fois :
Trois... trois... trois.... Votre corps est déjà plus détendu.
Visualisez le chiffre **2**, trois fois :
Deux... deux... deux
Votre esprit est déjà relaxé.
Visualisez le chiffre **1**, trois fois :
Un... un... un...
Lorsque vous avez atteint le premier chiffre **1**, vous

apprenez à visualiser l'image de votre choix.
Maintenant, visitez votre endroit magique pour vous y reposer. Comptez de cinq à un. Pendant le compte à rebours, vous allez vers un état de relaxation plus profond et plus salutaire.
Cinq… quatre…, de plus en plus profondément,
Trois… plus profondément, deux…, un…

Chaque fois que vous respirez, vous sentez l'harmonie et la beauté de cet endroit remplir vos poumons, ce qui vous procure une sensation de plaisir, de détente et de paix. Vous avez l'impression de flotter sur des vagues de bien-être. À chaque visite de cet endroit magique, votre corps sera de plus en plus détendu à chaque respiration. Lorsque vous avez atteint un état de quiétude totale, quittez cet endroit en comptant jusqu'à cinq.
Un…
Deux…
Trois…
Quatre…
Cinq.

LA MÉDITATION

La méditation est une technique calmante et relaxante pour l'esprit, qui concentre votre attention sur un élément apaisant et éloigné de vos inquiétudes. Au début, il est préférable de faire appel aux services d'un praticien ou d'un guide. La méditation atténue les troubles du sommeil. Voici quelques-uns des effets de la méditation sur la santé :

- réduit au minimum les effets de l'anxiété et du stress ;
- amène à une prise de conscience du corps et des émotions ;
- approfondit la dimension spirituelle, crée un état d'harmonie et de symbiose entre l'esprit, le corps et l'âme.

Au chiffre cinq, vous sentirez que votre corps et votre esprit sont sereins et détendus.

Demandez à quelqu'un d'enregistrer ces étapes en les répétant plusieurs fois, en parlant lentement et d'une voix agréable, apaisante et relaxante pour vous. Si vous écoutez cet enregistrement tous les soirs, les étapes seront plus faciles à suivre et vous trouverez le sommeil plus naturellement.

Un sommeil réparateur grâce au yoga

Le yoga est une discipline dont les origines sont millénaires. Ses principes philosophiques sont fondés sur l'harmonie du corps, de l'esprit et de l'âme. La pratique régulière du yoga a des effets bénéfiques sur la santé, favorise la relaxation et est utile dans le traitement de l'insomnie.

Le yoga *Hatha*, fondement des exercices physiques du yoga, est la variante occidentale la plus populaire. Il s'agit d'un ensemble de positions, ou *asanas*, de techniques respiratoires, ou pranayamas, de mouvements de l'énergie, ou *bandas*, et de gestuelles, les *mudras*. Chaque position du yoga vise à l'amélioration du fonctionnement de l'organisme tout en éclaircissant l'esprit et en favorisant la concentration. Les positions servent aussi à préparer le corps et l'esprit pour la méditation, un état qui favorise le sommeil.

LE PONT

Étire la colonne vertébrale et soulage la tension là où nous l'emmagasinons le plus souvent, soit au bas du dos.

1. *Allongez-vous, les bras en extension le long du corps et les genoux fléchis, les pieds joints et la plante des pieds fermement contre le sol, aussi près des fesses que possible.*

1

2. *Serrez les fesses et inspirez tout en maintenant la position des pieds au sol ; expirez en soulevant les hanches, en gardant les genoux joints et en soulevant le nombril aussi haut que possible. Maintenez cette position en inspirant et en expirant à trois reprises, et en essayant de soulever le nombril un peu plus à chaque inspiration. Expirez, puis abaissez le corps.*

2

Variez cet exercice en saisissant les chevilles avec les mains, tout en soulevant les fesses et le torse pendant l'inspiration ; abaissez les fesses en expirant. Répétez trois fois.

LA CHARRETTE

Cette position favorise la relaxation et une bonne digestion, en plus d'avoir un effet apaisant, ce qui en fait une bonne *asana* pour mieux dormir. Elle nourrit par ailleurs les nerfs de la colonne vertébrale et assouplit les vertèbres, le cou et le dos, ce qui assure une bonne nuit de sommeil.

LE MEILLEUR TEMPS
Pour profiter pleinement des bienfaits relaxants et soporifiques de ces exercices, pratiquez-les deux heures avant d'aller au lit ou avant de prendre le repas du soir. Autant que possible, agrémentez cette expérience de détente en écoutant une musique douce propice à la méditation.

1. *Commencez par vous allonger sur le dos, les jambes l'une contre l'autre, les bras de chaque côté du corps et la paume des mains en appui sur le sol. Baissez le menton contre la poitrine et comprimez les muscles du dos contre le sol. Inspirez par le nez et soulevez les jambes à un angle de 90 degrés par rapport au torse. Expirez, puis inspirez, et soulevez les hanches en soutenant le dos avec les mains.*

2. *Sans plier les genoux, étirez les jambes au-dessus de la tête, jusqu'à ce que les orteils touchent par terre. Vos bras demeurent vers l'avant, la paume des mains au sol. Gardez cette position tout en respirant lentement et profondément. Puis inspirez par le nez et baissez les jambes lentement tout en expirant. Concentrez-vous sur chaque vertèbre au fur et à mesure qu'elles entrent en contact avec le sol.*

SOUPLESSE ET DÉTENTE
Le yoga est une discipline conçue pour améliorer la souplesse et l'harmonie du corps. Les exercices font appel à des mouvements légers, sans imposer de tension. Lorsque vous pratiquez les *asanas*, pensez à bien vous détendre. Il n'y a pas lieu d'en faire trop. Avec le temps et de la bonne volonté, votre santé s'améliorera naturellement et vous retrouverez l'harmonie du corps.

LA CHAISE BERÇANTE

Cet exercice est toujours effectué au début d'une session de yoga, avant d'entreprendre d'autres *asanas*, car il sert à étirer le corps. Il se pratique également quelques heures avant d'aller au lit, car il favorise la détente et le sommeil.

1. Assoyez-vous par terre (ou sur un tapis matelassé), les genoux fléchis et la plante des pieds contre le sol. Entourez l'arrière des genoux avec les mains, les pouces vers l'extérieur. Gardez le menton contre la poitrine pour éviter les blessures au dos. Penchez-vous lentement vers l'arrière pour vous donner un élan.

2. Basculez ensuite les jambes vers l'arrière avec les mains, tout en inspirant doucement, jusqu'à ce votre dos ne soit plus en contact avec le sol, les jambes étant toujours fléchies et le menton contre la poitrine. Expirez et reprenez la position d'origine. Répétez de 10 à 15 fois.

Avec l'entraînement, vous serez plus à l'aise avec ce mouvement et saurez faire basculer les jambes encore plus loin ; les orteils seront en contact avec le sol derrière la tête. Revenez ensuite vers l'avant tout en expirant et en gardant le menton contre la poitrine. Répétez cet exercice 15 fois, toujours avec le menton contre la poitrine, en inspirant pendant le mouvement vers l'arrière et en expirant au cours du mouvement inverse. Pour terminer, restez allongé sur le tapis et détendez-vous.

LA POSTURE DE L'ENFANT

Cette *asana* détend tout le corps et procure une sensation de bien-être complet, tout en soulageant les maux d'estomac et en favorisant une bonne nuit de sommeil.

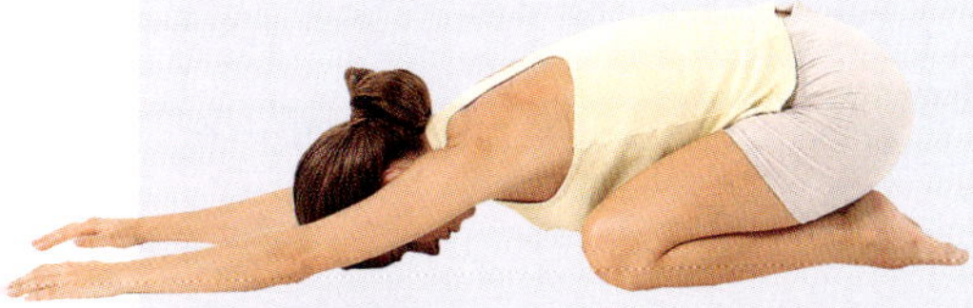

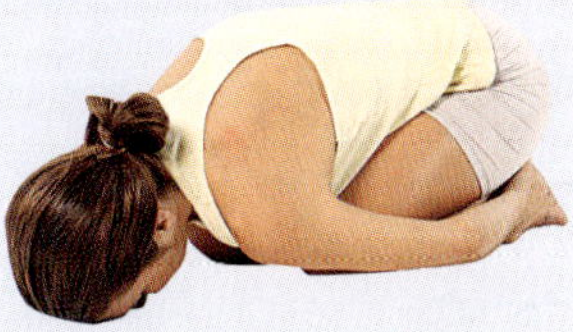

1. Agenouillez-vous en vous assoyant sur les pieds, les talons vers l'extérieur. Les genoux doivent être légèrement écartés, à peu près de la largeur des hanches. Inspirez tout en étirant les bras au-dessus de la tête, puis expirez en baissant le torse sur les cuisses. Placez le front, la paume des mains et les avant-bras sur le sol, tout en gardant les épaules détendues.

2. Ensuite, baissez les bras derrière vous et gardez-les détendus contre le corps. Maintenez cette position aussi longtemps que vous le voulez, en respirant doucement et en vous concentrant sur la colonne vertébrale.

L'ARBRE

Cette position favorise la concentration, donne confiance en soi et assouplit le corps. C'est un bon exercice pour l'équilibre corporel, la stabilité mentale et l'harmonie spirituelle. Vous le pratiquerez le dos bien droit, en regardant droit devant vous. Concentrez-vous toujours sur votre respiration, en faisant des mouvements très lents et bien contrôlés. Petit à petit, vous gagnerez confiance en vous.

Placez-vous debout, les jambes écartées, tout le poids sur le pied gauche. Placez le pied droit sur l'intérieur de la cuisse gauche. Une fois que vous êtes en équilibre, joignez les mains à la hauteur de la poitrine en respirant lentement ; pendant l'inspiration, soulevez les mains, les paumes toujours l'une contre l'autre, au-dessus de la tête. Gardez cette position aussi longtemps que vous le pouvez. Ensuite, revenez à la position initiale en inversant les étapes. Répétez, cette fois en prenant appui sur l'autre jambe.

La relaxation par le *Do-in*

Le *Do-in*, ou « physiothérapie par le contact », est une combinaison de techniques fondées sur le *shiatsu*. Il revitalise tout en soulageant les tensions physiques et psychologiques.

En japonais, *shiatsu* signifie « pression des doigts ». En exerçant une pression rythmée sur les points d'acupuncture pendant de courts moments, la technique du *shiatsu* est un traitement agissant sur les méridiens du corps qui rééquilibre notre *chi*, l'énergie vitale. Ce traitement corrige les déséquilibres du *chi* qui provoquent la maladie. Le *shiatsu*, par le biais des massages *Do-in*, corrige les déséquilibres internes, tout particulièrement ceux qui sont causés par les tensions et le stress, souvent responsables de l'insomnie. Les exercices suivants, pratiqués avant d'aller au lit, engendrent un état de relaxation profonde et garantissent une bonne nuit de sommeil paisible.

POUR DÉTENDRE LE COU

Assoyez-vous par terre, les jambes croisées, le dos bien droit, et imaginez que le bout de votre nez est un crayon. Avec le nez, tracez de grands cercles en faisant des mouvements lents de droite à gauche. Après avoir tracé plusieurs cercles, détendez les muscles du cou en regardant droit devant, puis vers la droite.

Cet exercice procure une sensation de bien-être tout en relâchant les muscles tendus et endoloris qui peuvent vous empêcher de dormir.

POUR COMMENCER

1. Tapotez légèrement çà et là, les bras, les mains, les jambes et les pieds.

2. Écartez les jambes et détendez les genoux.

3. Le dos bien droit, détendez les épaules.

4. Les yeux fermés, respirez normalement et concentrez-vous sur ce que vous ressentez, en portant une attention toute particulière aux endroits tendus et endoloris.

LA TÊTE ET LE VISAGE

1. Les mains en poing légèrement ouvert, détendez les poignets et tapotez doucement le sommet de la tête.

2. Continuez à tapoter doucement la tête avec les mains ouvertes et le bout des doigts. Tapotez toute la tête, incluant les tempes, le front et le cou.

3. Pour stimuler les méridiens de la tête, passez les doigts dans les cheveux à plusieurs reprises.

4. Continuez sur le front, en le comprimant du bout des doigts, d'un mouvement partant du centre vers les tempes. Répétez trois fois.

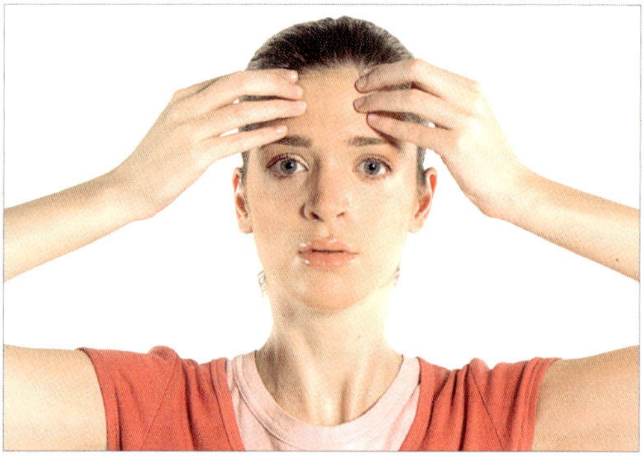

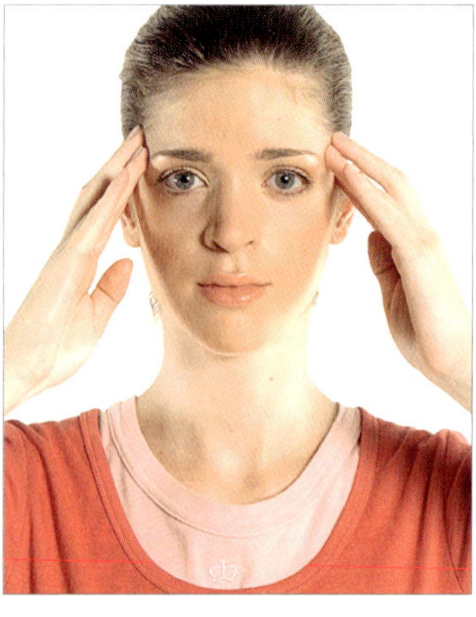

5. Massez les tempes doucement plusieurs fois. Assurez-vous de bien détendre les sourcils et les épaules.

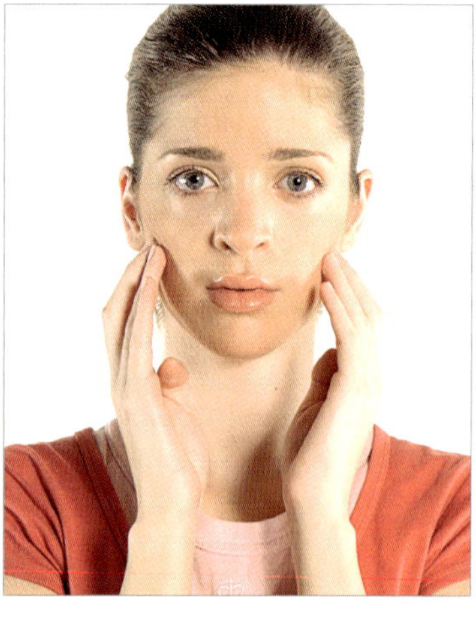

6. Massez ensuite les joues par un mouvement partant des tempes vers la mâchoire.

7. *Exercez une pression sur la mâchoire, à partir du centre et vers l'extérieur, pour détendre et stimuler les glandes salivaires.*

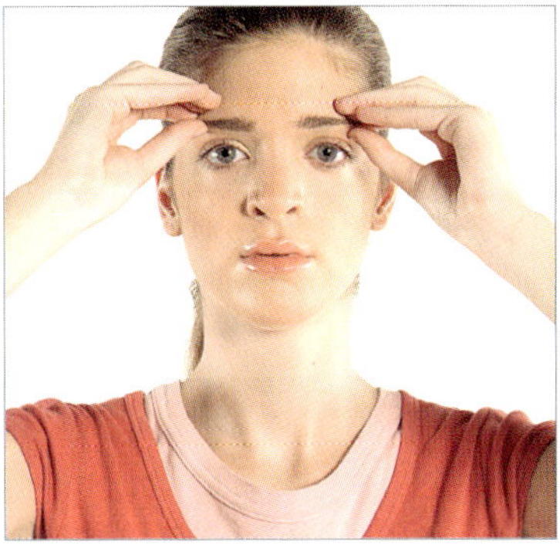

8. *Exercez une pression sur les sourcils avec l'index et le pouce de chaque main, à partir du centre et vers l'extérieur. Répétez plusieurs fois.*

9. *Exercez une pression des pouces sur le point médian entre les sourcils.*

10. *Pincez entre l'index et le pouce l'arête du nez et le creux des yeux. C'est un bon exercice pour soulager les yeux fatigués.*

11. *Pour décongestionner les passages nasaux, comprimez les pouces contre les ailes du nez en gardant les autres doigts repliés. Inspirez tout en massant vers le bas avec les pouces. Répétez trois fois.*

LE COU

1. *Placez la paume de la main sur la nuque et massez fermement en faisant des mouvements circulaires.*

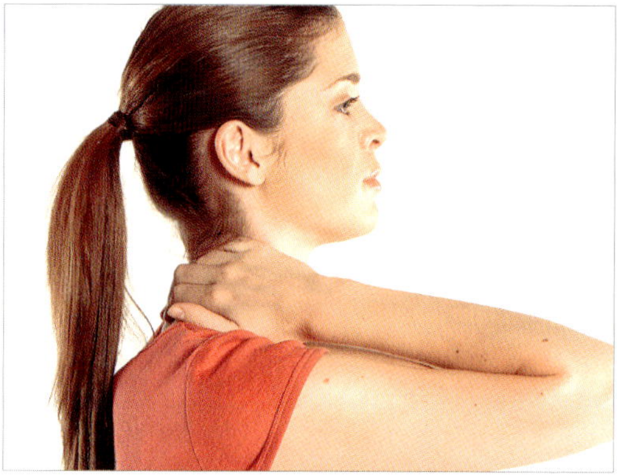

2. *Avec les pouces, exercez une pression sur la nuque et faites un mouvement vers le haut.*

3. *Massez la fibre des muscles de la nuque du bout des doigts pour détendre ces muscles et leurs tendons.*

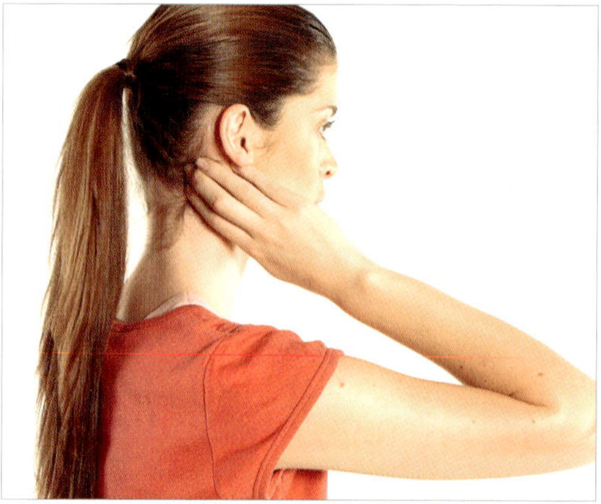

LES ÉPAULES, LES BRAS ET LES MAINS

1. D'abord, agitez les bras vers l'extérieur pour les détendre. Haussez ensuite les épaules tout en inspirant. Pendant l'expiration, détendez les épaules complètement tout en les abaissant. Répétez trois fois.

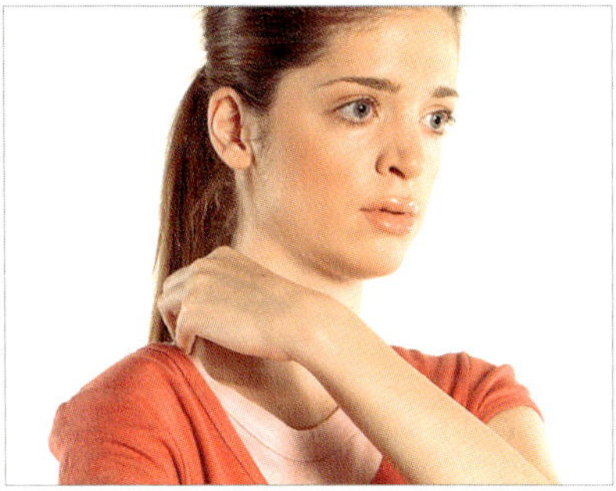

2. Supportez le coude gauche de la main droite. Avec la main gauche légèrement en poing, tapez doucement sur l'épaule droite.

3. Exercez une pression du majeur sur le point le plus élevé de l'épaule. **Mise en garde :** *ce massage est déconseillé pendant la grossesse.*

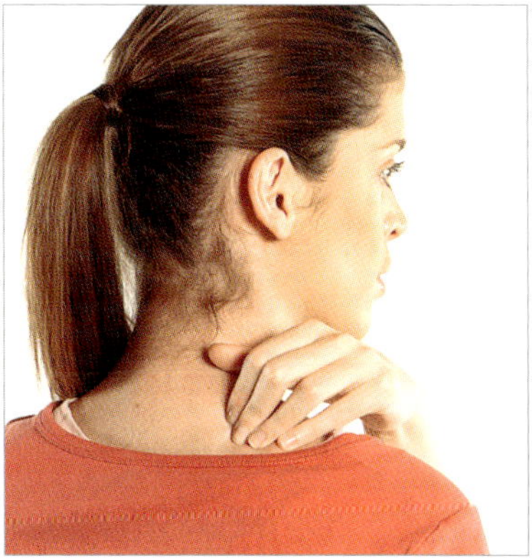

4. Un bras en extension, tapotez légèrement sa face interne avec la paume de l'autre main, à partir de l'épaule jusqu'à la paume de la main. Répétez sur l'autre bras.

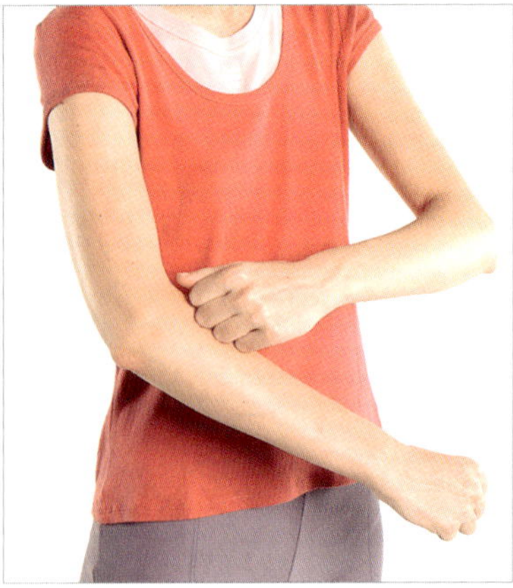

5. Tournez le bras et tapotez sa face externe, de la main jusqu'à l'épaule.

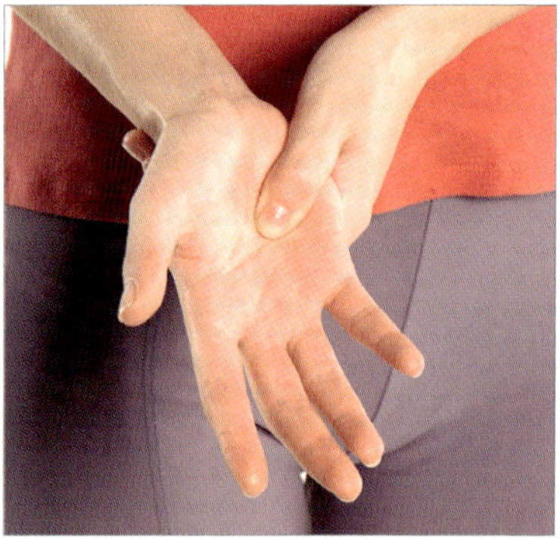

6. Avec le pouce de la main gauche, massez la paume de la main droite (un point qui a tendance à emmagasiner beaucoup de tension). Répétez ensuite sur l'autre main.

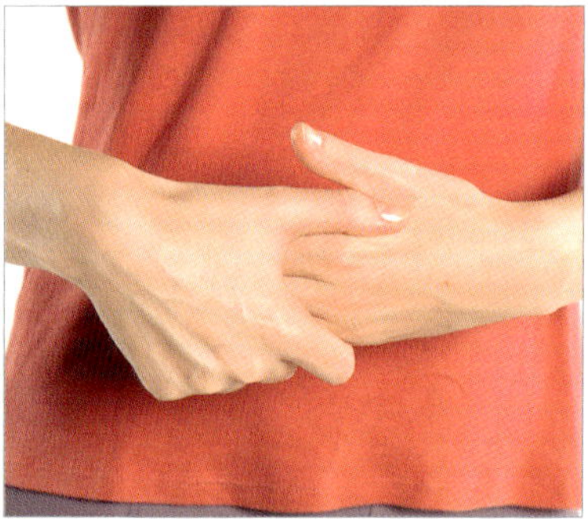

7. Sur chaque main, exercez une pression sur l'interstice entre l'index et le pouce. Cet exercice soulage le stress et la diarrhée, et vous en ressentirez une sensation de bien-être général.

Mise en garde : *ce massage est déconseillé aux femmes enceintes.*

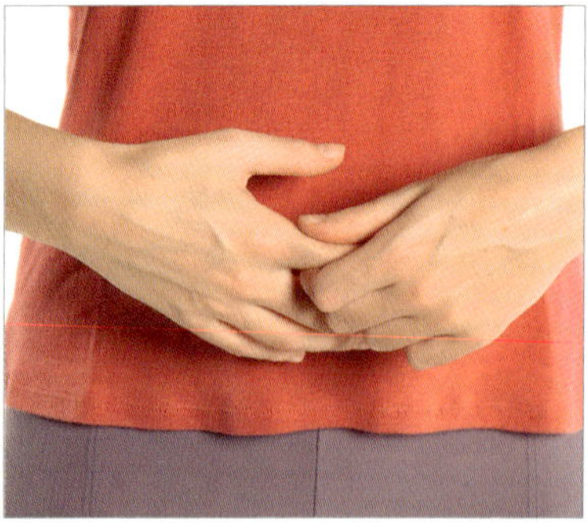

8. Avec l'index et le pouce, massez doucement toutes les jointures des doigts en maintenant la pression.

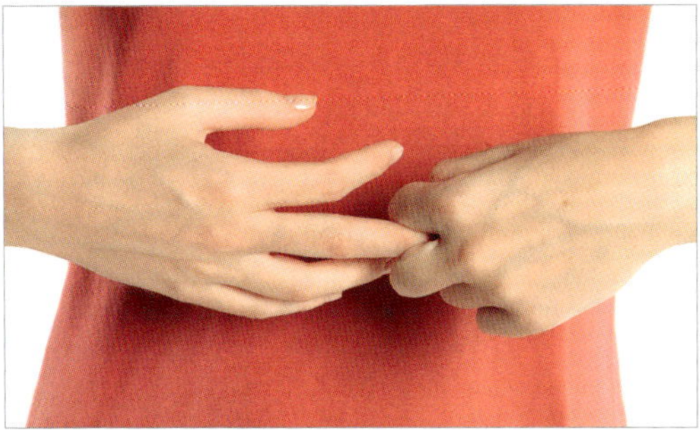

9. *Étirez chaque doigt des deux mains. Cet exercice soulage le stress et la tension.*

LA POITRINE, L'ABDOMEN ET LE DOS

1. *Le dos bien droit, gonflez la poitrine. Tapotez doucement les seins et les muscles de la poitrine et le long des côtes.*

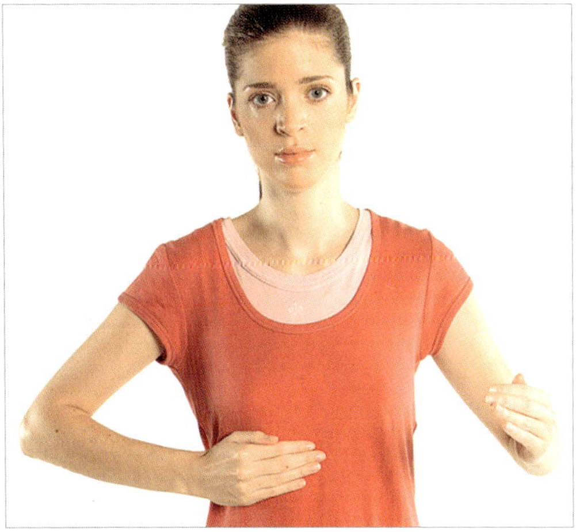

2. *Après avoir inspiré profondément, répétez l'exercice précédent en faisant un « ah » primaire et sonore tout en expirant.*

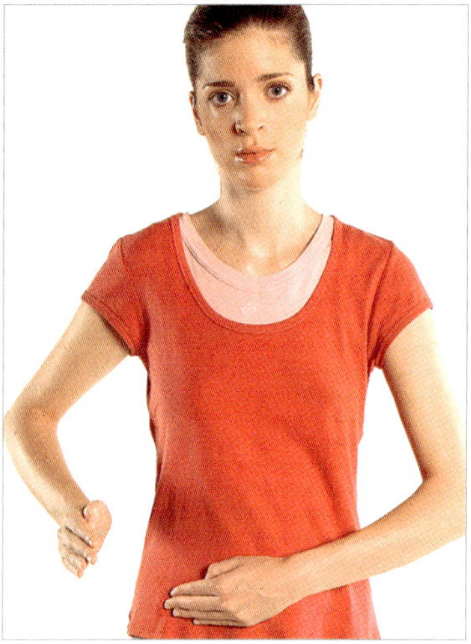

3. Continuez en tapotant du côté gauche, vers le bas jusqu'à l'abdomen, tout en faisant des mouvements circulaires dans le sens des aiguilles d'une montre, puis remontez vers le haut du côté droit. Ces mouvements suivent le sens de la circulation sanguine et de la digestion.

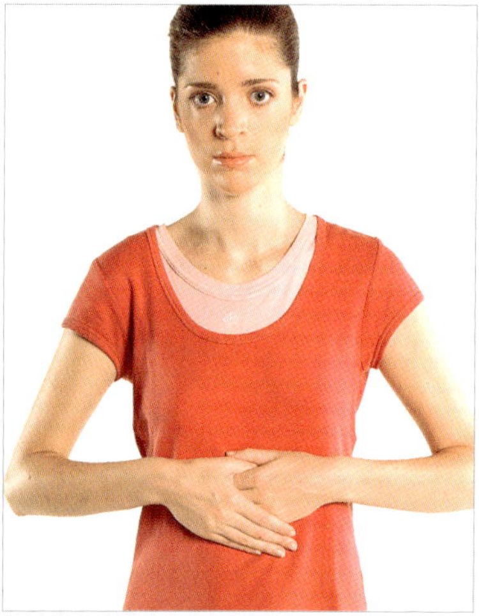

4. Placez une main sur l'autre et massez doucement l'abdomen.

5. Placez les mains sur le dos, sous le thorax, là où se trouvent les reins. Massez plusieurs fois, jusqu'à ressentir sur le corps la chaleur dégagée par les mains. Puis tapotez doucement avec le poing légèrement fermé.

6. *Penchez-vous vers l'avant et posez une main sur le genou. Avec le dos de l'autre main, tapotez légèrement la région lombaire entre les côtes et le bas de la colonne vertébrale. Cet exercice éclaircit les idées et active les impulsions du cerveau qui stimulent le système nerveux.*

LES JAMBES

1. *Avec un poing légèrement fermé, tapez doucement sur l'arrière des jambes, de la hanche jusqu'au mollet.*

2. *Écartez les jambes, pliez les genoux et tapez doucement sur la face antérieure des jambes, des hanches jusqu'aux chevilles.*

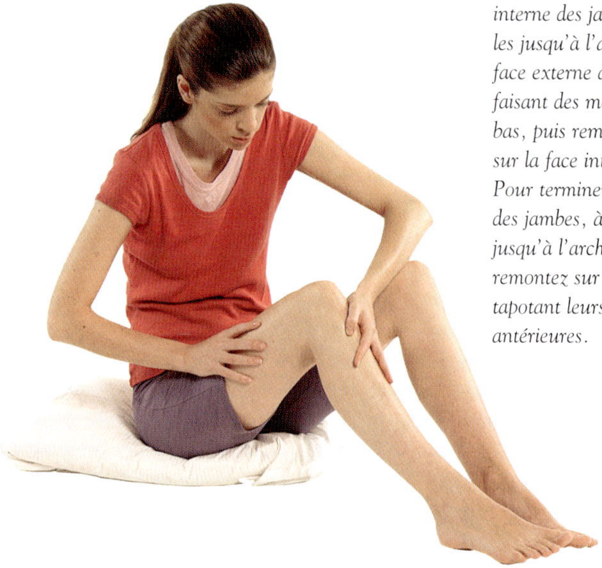

3. *Appliquez la même technique de tapotement sur la face interne des jambes, des chevilles jusqu'à l'aine. Passez à la face externe des jambes en faisant des mouvements vers le bas, puis remontez vers le haut sur la face interne de la jambe. Pour terminer, tapotez l'avant des jambes, à partir des cuisses jusqu'à l'arche des pieds, puis remontez sur les jambes en tapotant leurs faces antérieures.*

LES PIEDS

1. *En position assise sur le sol, saisissez le pied gauche des deux mains et imprimez-lui des rotations pour détendre les articulations.*

2. Massez ensuite la plante du pied avec les pouces. Exercez une pression plus soutenue sur le point situé au premier tiers de la distance entre la base du deuxième orteil et l'extrémité de la plante du pied.

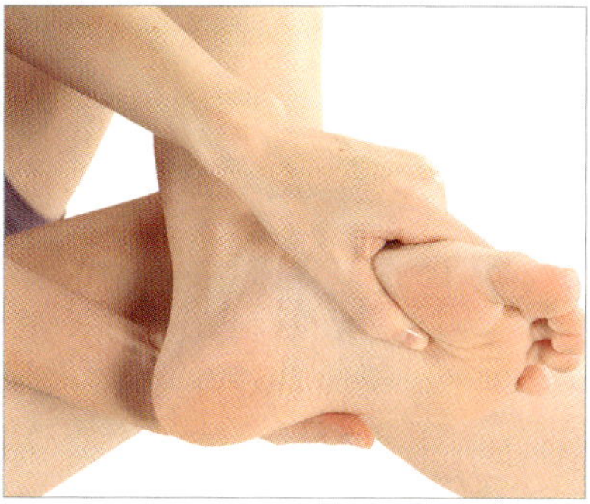

3. Exercez une pression sur le point entre le gros orteil et le deuxième orteil à l'avant du pied.

POUR CLORE LA SESSION

Tout comme au début, tenez-vous debout et agitez les membres. Dans la même position, les jambes écartées de la largeur des épaules et les genoux légèrement fléchis, étirez le dos pour faciliter la circulation du *chi*. Laissez vos pensées vagabonder et prenez conscience de cet état de relaxation.

4. Entourez le pied gauche des deux mains et massez. Répétez le même geste avec le pied droit.

La réflexologie pour le mieux-être

Cette discipline de guérison naturelle est fondée sur les principes et l'étude des points réflexes de l'organisme, surtout ceux des pieds qui correspondent aux organes et aux glandes. La stimulation des pieds par la pression a un effet sur différentes parties de l'organisme. Nous vous présentons ici quelques exercices pour combattre l'insomnie.

Après vous être lavé les pieds, commencez par un massage, d'abord sur un pied, puis sur l'autre, de la plante du pied jusqu'à la cheville. Saisissez le pied d'une main et faites des mouvements de rotation pour évacuer la tension. Continuez en massant chaque orteil, un par un, et massez ensuite la plante du pied.

EFFETS SECONDAIRES

Ces massages sont déconseillés si vous souffrez de :

- *la fièvre ou d'une maladie grave ;*
- *troubles de coagulation du sang, ou d'une inflammation lymphatique ou vasculaire ;*
- *la gangrène des mains ou des pieds ;*
- *mycose ou du fongus du pied ;*
- *de grossesse avec risque de fausse-couche.*

Pour combattre l'anxiété, vous détendre et amener le sommeil, entourez successivement chacun des pieds des deux mains et comprimez avec les pouces le point correspondant au plexus solaire, lequel est situé au centre de la plante du pied. Cet exercice peut être pratiqué en automassage ou par une autre personne.

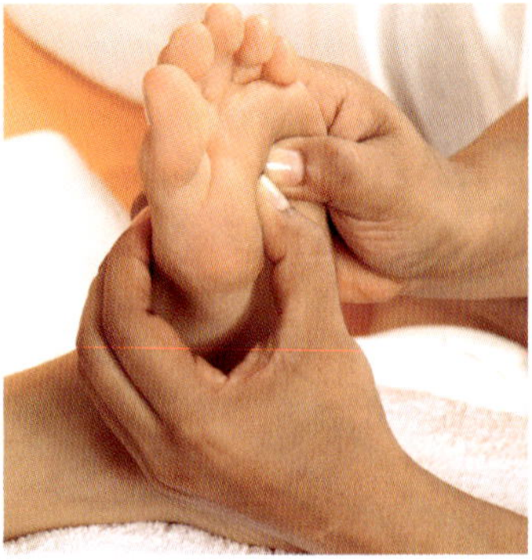

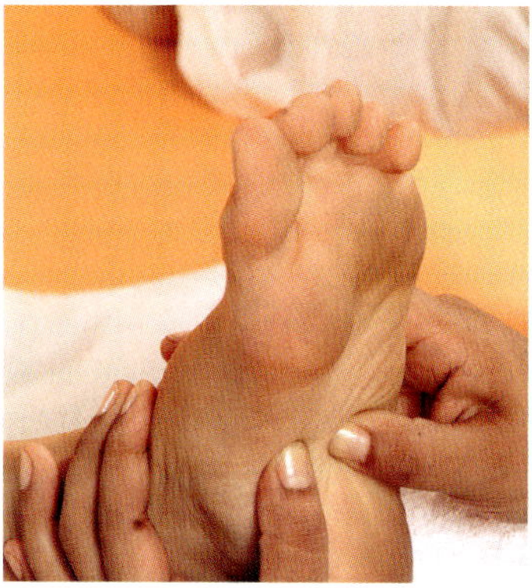

Pour contrer l'insomnie et les troubles digestifs, entourez le pied avec les mains et exercez une pression des pouces sur les points correspondant à l'estomac, situés au centre de la plante du pied (consultez le diagramme).

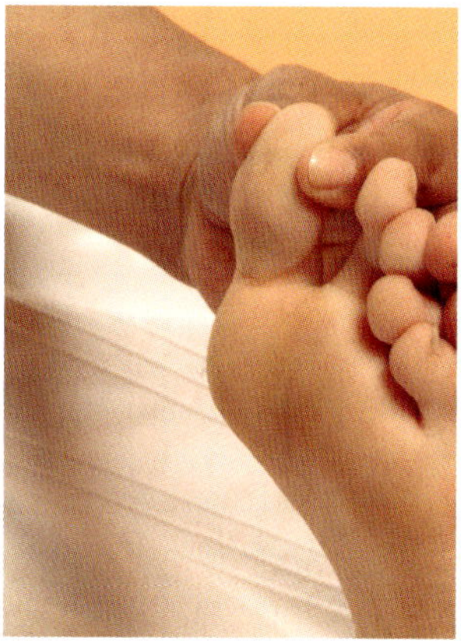

Pour atténuer les inquiétudes, éclaircir les idées et favoriser le sommeil, exercez une pression avec le pouce et l'index sur le pourtour du gros orteil de chaque pied, sur les points correspondant à la tête.

RÉFLEXOLOGIE DU PIED

Pour que la réflexologie ait un effet thérapeutique sur l'insomnie, commencez tout d'abord par masser tout le pied, en vous attardant sur les zones qui vous détendent. Insistez ensuite sur les points correspondant au plexus solaire et au diaphragme pour évacuer l'anxiété. Massez le pourtour des gros orteils sur les points correspondant à la tête afin d'atteindre un équilibre énergétique qui favorise le sommeil.

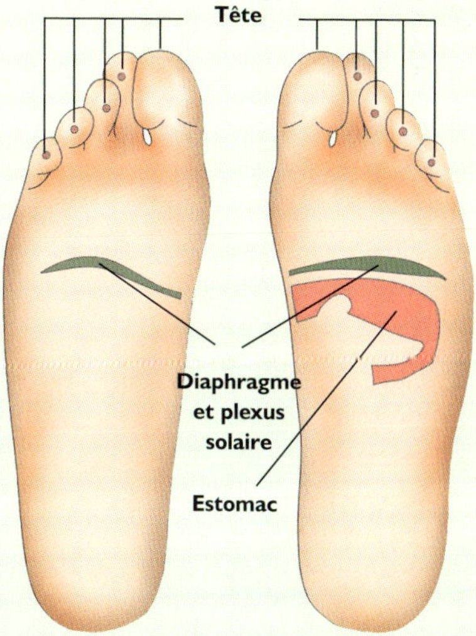

Massages reposants

Ces massages sont un moyen très efficace pour aider l'organisme à se reposer et à se régénérer.

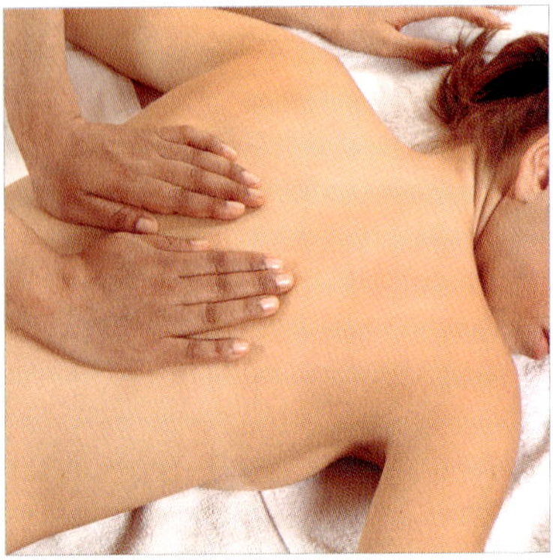

1. *Le masseur passe les mains sur tout le dos pour repérer la tension.*

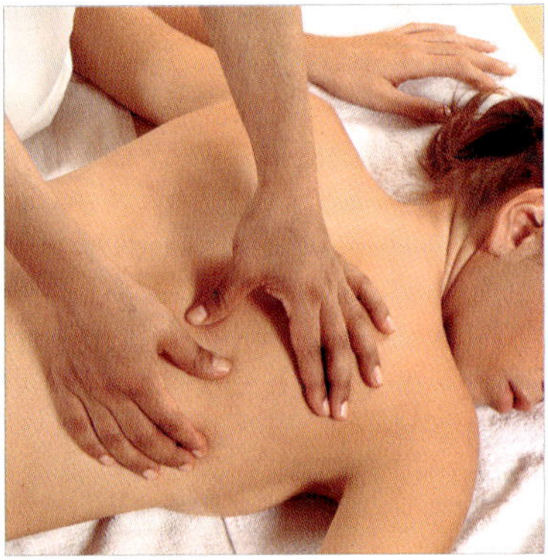

2. *Là où il détecte des nœuds, il masse du bout des pouces en faisant des mouvements répétitifs (en pétrissant avec les pouces). Il exécute ensuite des mouvements circulaires dans le sens des aiguilles d'une montre pour évacuer la tension.*

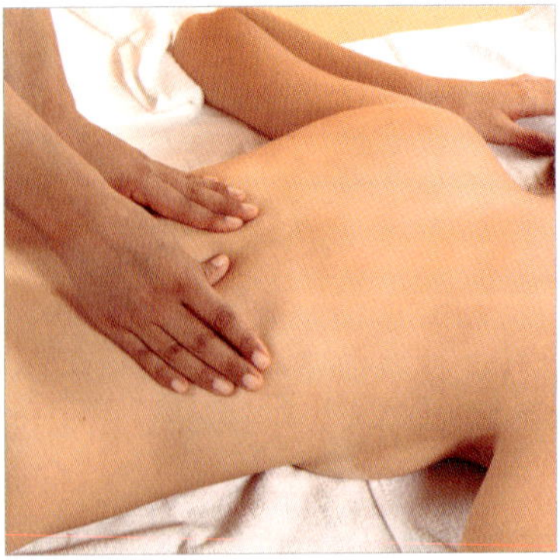

3. *Du bout des pouces, il masse le long de la colonne vertébrale en exécutant des mouvements de pétrissage pour détendre et soulager la tension accumulée.*

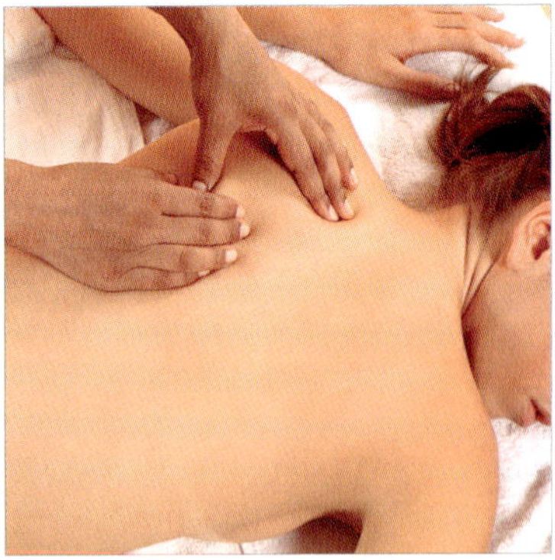

4. *Il continue à masser les omoplates du bout des doigts pour délier les nœuds.*

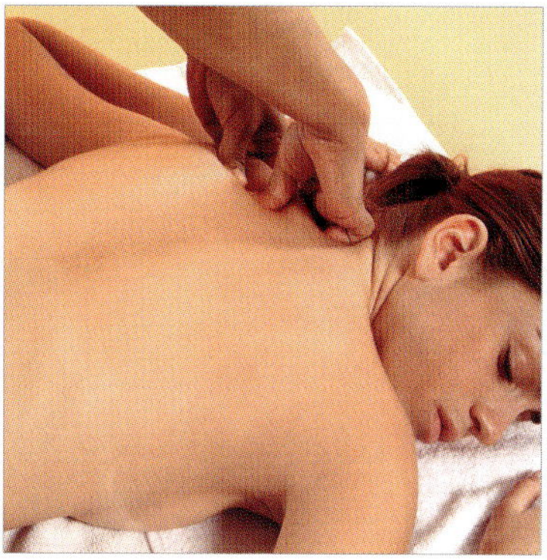

5. *Le masseur masse le dos en exerçant une légère pression pour décongestionner les capillaires.*

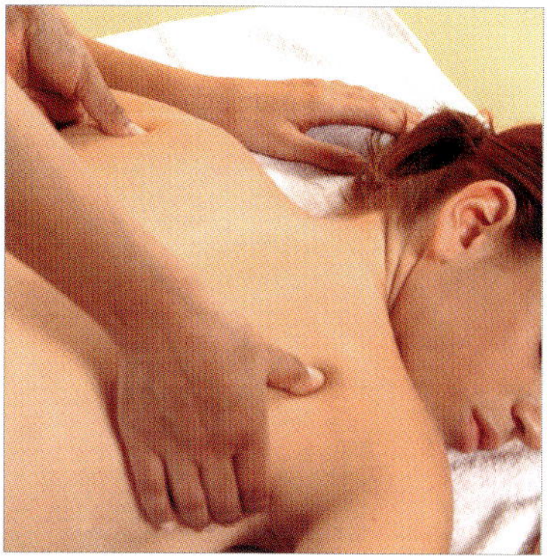

6. *Après avoir fait quelques mouvements en frottant, il comprime le pourtour des omoplates du bout des doigts avec les deux mains.*

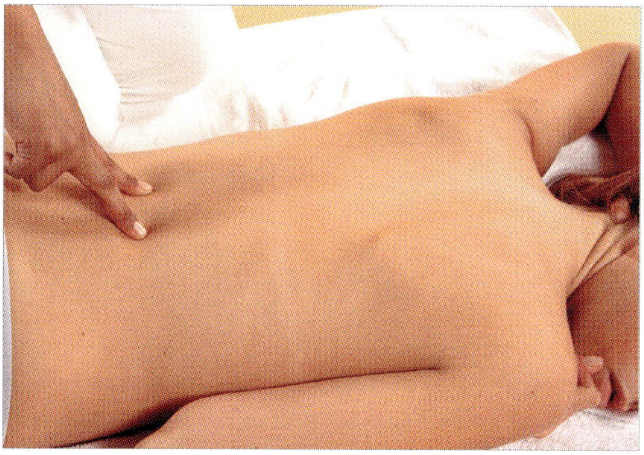

7. *Pour obtenir une détente complète, le masseur écarte l'index et le majeur et exécute un mouvement du haut vers le bas de chaque côté de la colonne vertébrale.*

EFFETS POSITIFS

Ces massages favorisent le sommeil parce qu'ils ont les avantages suivants liés au repos:

- **ils améliorent la circulation sanguine et le transport de l'oxygène dans le sang, contribuant ainsi à éliminer les toxines de l'organisme;**
- **ils stimulent les glandes qui sécrètent les endorphines, des substances qui contribuent à une sensation de bien-être en soulageant les maux et la douleur;**
- **ils réduisent le stress, contrent la dépression et les faibles niveaux d'énergie;**
- **tout comme pour les automassages, les avantages ne sont pas que physiologiques. Lorsqu'ils sont pratiqués régulièrement et avec conviction, ils déplacent l'énergie, transforment la conscience, éclaircissent les idées et améliorent l'harmonie du corps, de l'esprit et de l'âme.**

L'hydrothérapie

Les propriétés naturellement thérapeutiques de l'eau sont connues depuis toujours. L'hydrothérapie fait appel à l'eau à des températures variées pour revitaliser, entretenir et rétablir la santé.

Il existe plusieurs techniques d'hydrothérapie qui varient selon les besoins physiques de chaque individu. La technique la plus souvent utilisée fait intervenir les effets sédatifs de l'eau chaude ou de la vapeur. Cependant, certaines techniques à l'eau froide servent à traiter l'insomnie.

BAIN À L'ÉPONGE

Voici une technique simple, qui a gagné en popularité à cause de ses effets bénéfiques. L'ensemble du corps est mouillé avec un gant de toilette ou une éponge, aussi rapidement que possible. Commencez par le front, puis poursuivez par le cou jusqu'à la plante des pieds, en frottant avec une éponge imbibée d'eau froide. Cette méthode apaise les nerfs et stimule le système digestif, favorisant ainsi une meilleure absorption des nutriments et un sommeil bienfaisant.

ENVELOPPEMENTS À FROID

Une serviette humide en coton est placée successivement sur différentes parties du corps, puis enveloppée d'une couverture sèche en laine. Une seule partie du corps est traitée à la fois. Les endroits les plus souvent traités sont le torse et l'abdomen. Des compresses peuvent être placées de la tête jusqu'au bas du dos pour rafraîchir et décongestionner les nerfs centraux, ayant un effet apaisant et calmant. Les compresses abdominales sont placées sur la partie inférieure du torse, des côtes jusqu'à l'os pelvien, et servent à rafraîchir et à décongestionner le système digestif. C'est également une bonne technique pour l'estomac, les reins et la vessie, qui prépare au sommeil.

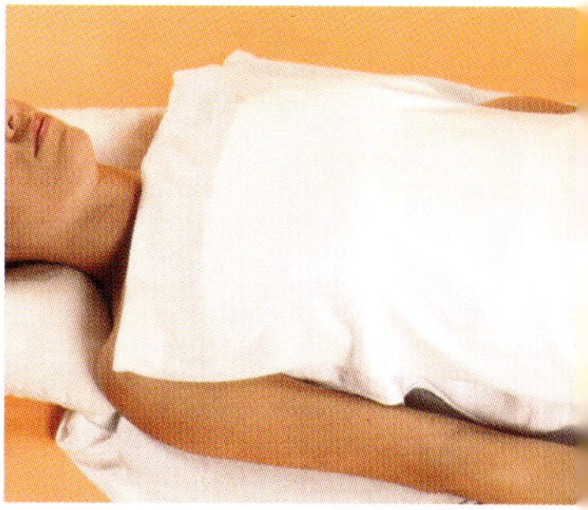

AUTRES TECHNIQUES D'HYDROTHÉRAPIE

- **Le Watsu.** *Il s'agit d'une combinaison d'hydrothérapie et de shiatsu, une technique japonaise qui utilise la pression des doigts appliquée sur les méridiens du chi. Le sujet flotte dans l'eau du bain, soutenu par le praticien watsu, et se met dans un état de relaxation complète pendant qu'il est soumis à des étirements sur des zones spécifiques. Bien plus qu'un simple massage, cette technique fait intervenir un ensemble de mouvements fluides qui assouplissent et renforcent les muscles.*
- **La douche écossaise.** *Ce type de massage fait appel à des jets d'eau pulsés par une pomme de douche. Il sert à tonifier les muscles, stimule le transport de l'oxygène vers le tissu musculaire, augmente la résistance de l'épiderme et favorise la circulation, quoique son avantage principal soit de rajeunir l'organisme.*

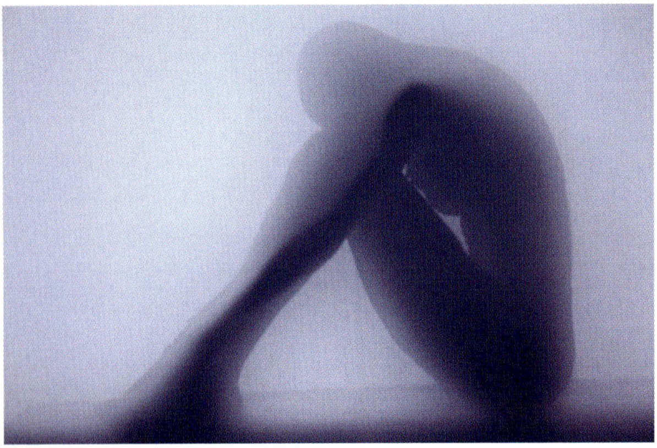

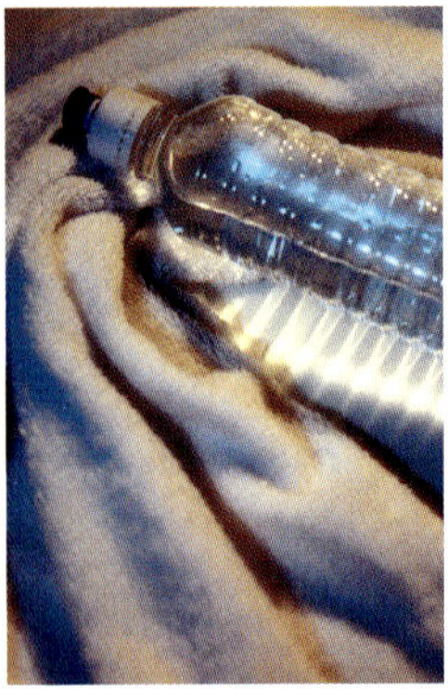

BAINS DE VAPEUR

Les bains de vapeur sont une thérapie purifiante et calmante. Ils stimulent l'épiderme et font transpirer, ce qui nettoie l'organisme dans son ensemble, vous laissant dans un état positif et détendu. Les bains de vapeur sont efficaces dans le traitement du stress et d'une surtension nerveuse, et ils favorisent le sommeil à coup sûr. Leurs bienfaits sont connus depuis l'empire romain et les anciennes civilisations arabes, où les thermes servaient à la détente et aux rencontres. De nos jours, les bains de vapeur soulagent les tensions de la vie quotidienne et rétablissent notre santé physique et mentale d'une manière générale. Il en existe plusieurs variétés :

- Le **bain turc**, originaire de Turquie. Cette thérapie se pratique dans une suite de pièces chaudes et humidifiées dont la température fluctue entre 45 °C et 70 °C (de 113 °F à 158 °F). La chaleur est produite par l'eau bouillante qui circule dans la tuyauterie des radiateurs installés aux murs. L'humidité est telle que la transpiration provoquée par la chaleur ne s'évapore pas. Par conséquent, vous ne pouvez refroidir et transpirez encore plus.

MISE EN GARDE

Les bains de vapeur sont déconseillés à ceux qui souffrent d'infections aiguës, d'hypertension artérielle, d'insuffisance rénale ou hépatique, d'hyperthyroïdisme, d'inflammation des vaisseaux sanguins (varices, phlébites) ou d'athérosclérose. Consultez votre médecin avant de prendre un bain de vapeur.

À LA MAISON

La vapeur chaude émise par un diffuseur, dans lequel vous avez versé quelques gouttes d'huile essentielle, augmente le taux d'humidité de l'air ambiant, et prévient et soulage la congestion, en plus de favoriser le sommeil.

■ Le **sauna** se caractérise par la chaleur sèche. La température à l'intérieur d'un sauna est généralement de 60 °C (140 °F), bien qu'elle puisse atteindre 95 °C (203 °F) si votre organisme peut le supporter. Le sauna est équipé de bancs en bois installés sur plusieurs niveaux, l'air étant plus chaud au niveau supérieur. Le bain, d'une durée maximale de 8 minutes, est pratiqué en sessions consécutives, interrompues par des pauses de 10 minutes. Puisque la chaleur est plus sèche que celle d'un bain turc, il y a transpiration par la peau, ce qui procure une sensation encore plus agréable.

■ Le **bain finlandais** fait appel à des nuages de vapeur produits en versant de l'eau, à laquelle on a ajouté des huiles essentielles comme la menthe ou l'eucalyptus, sur des roches chaudes et poreuses. Ce bain de vapeur est pratiqué dans une pièce close où la température peut atteindre 45 °C (113 °F). Il purifie le système respiratoire et soulage la tension. C'est une bonne thérapie pour ceux qui souffrent de fatigue et de stress. Cependant, il vaut mieux consulter son médecin avant de prendre un bain finlandais.

Le repos par les plantes médicinales

Dame Nature nous offre une vaste gamme de plantes et de végétaux qui jouent un rôle important dans les soins de santé, et tout particulièrement les plantes médicinales pour combattre l'insomnie et ses causes. Nous vous présentons dans cette section un guide des plantes les plus efficaces dans le traitement de l'insomnie, ainsi qu'une liste alphabétique des huiles essentielles dont l'utilisation topique peut favoriser le sommeil.

Les propriétés thérapeutiques des remèdes composés de plantes médicinales sont connues depuis toujours et ont maintenant été démontrées scientifiquement. Ces plantes sont proposées en poudres, en granules, en capsules, en infusions, en teintures, en baumes ou en crèmes. Seules ou en combinaison, certaines plantes médicinales servent au traitement de l'insomnie, et leur effet est moins agressif que celui des médicaments vendus sans ordonnance ou des somnifères prescrits par un médecin. Les plantes médicinales ne causent pas de dépendance. Cependant, nous vous conseillons de consulter votre médecin avant d'entreprendre un traitement aux plantes médicinales.

NOTE
Consultez toujours votre médecin avant d'entreprendre un traitement aux plantes médicinales.

Pavot sauvage

(Papaverroheas)

• **Parties utilisées.** Les pétales des fleurs sont récoltés l'été, puis entreposés et conservés. Ils sont servis en infusion, en extrait ou en poudre.

• Originaire de l'Extrême-Orient, le pavot est prisé pour ses propriétés sédatives et antispasmodiques. Il est très efficace pour soulager l'anxiété et l'insomnie. Vous pouvez en prendre jusqu'à 300 mg par jour sous forme de pétales séchés et broyés, conditionnés en capsules.

• **Mise en garde.** Le pavot est déconseillé aux jeunes enfants et aux femmes enceintes.

INFUSION POUR LES ENFANTS

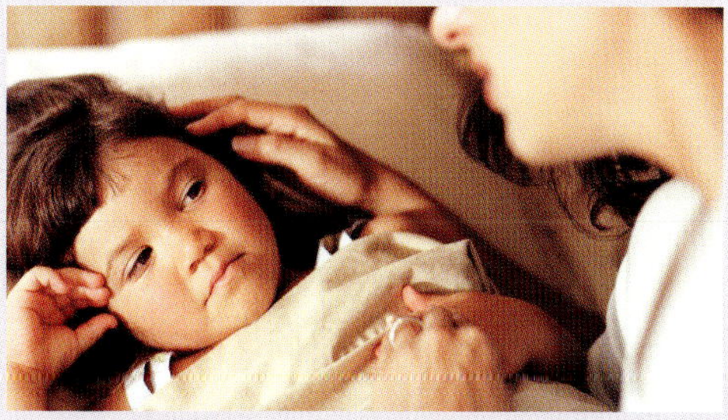

POUR LES ENFANTS DE PLUS DE 5 ANS

Déposez 1/2 cuillerée à thé de fleurs de pavot séchées dans 1 tasse d'eau bouillante. Laissez infuser 3 minutes et filtrez. Cette infusion ne peut être bue plus de trois fois par jour. Elle peut également servir dans une compresse froide pour décongestionner les paupières ou dans un bain oculaire.

LES HUILES ESSENTIELLES DE A À Z

BASILIC

L'arôme puissant et intense du basilic sert merveilleusement bien à ralentir l'esprit en préparation au sommeil. Pour contrer l'insomnie, mélangez l'huile essentielle de basilic à une huile neutre. Le basilic peut être combiné à la sauge sclarée, au géranium, à la lavande et à la mélisse.

Précaution. Déconseillé aux femmes enceintes.

BERGAMOTE

Idéale pour les états dépressifs, ses propriétés stimulantes et rafraîchissantes ravivent l'esprit.

Précaution. La bergamote peut irriter les peaux sensibles. Évitez l'exposition directe au soleil après l'application. Se combine bien au géranium, au genévrier, au jasmin, à la lavande, à la tangerine, au néroli, au patchouli, à la camomille, au romarin, à la marjolaine, au citron et à l'ylang-ylang.

MISE EN GARDE

Les huiles essentielles sont à usage externe **seulement**, elles ne doivent **jamais** être ingérées. Gardez hors de la portée des enfants et n'appliquez pas sur les yeux.

Pavot de Californie

(Eschscholtzia californica)

• **Parties utilisées.** Les fleurs, en infusion et dans la composition de teintures, de sirops, de poudres et de capsules.
• Comme son nom l'indique, il est originaire de Californie. Il est présentement cultivé et utilisé partout dans le monde.
• Espèce de la famille des coquelicots, la variété californienne a une composante active d'alcaloïdes qui ont des effets sédatifs et antidouleur. Cependant, il n'est pas toxique et ne cause pas de dépendance. Le pavot sert au traitement de la nervosité, du stress et de l'insomnie.
• **Mise en garde.** Il peut avoir des effets secondaires pendant la grossesse et l'allaitement, ainsi que chez ceux qui souffrent de glaucome. Il est conseillé de suivre le traitement en alternance, par exemple une semaine d'abstinence pour chaque période de 40 jours d'utilisation continue.

EN CAPSULES

Un remède calmant

Prendre 2 capsules de pavot de Californie chaque jour, 30 minutes avant les repas. Pour pallier l'insomnie, prendre 1 capsule avant d'aller au lit.

UNE COMBINAISON EFFICACE

Cette infusion de pavot de la Californie, d'aubépine dorée et de fleurs de la passion vous aidera à bien dormir. Combinez 1 cuillerée à soupe de chacune de ces plantes et déposez 1 cuillerée à soupe de ce mélange dans 1 tasse d'eau. Préparez l'infusion en ajoutant ce qu'il reste de feuilles dans de l'eau bouillante et laissez infuser 3 à 4 minutes, puis filtrez. Ajoutez de la cassonade ou du miel, au goût. À boire avant le repas du soir.

QU'EST-CE QUE L'AROMATHÉRAPIE ?

L'aromathérapie est une approche thérapeutique holistique qui repose sur l'utilisation d'huiles essentielles extraites de végétaux. Ces huiles stimulent le bien-être physique, mental et émotif, en plus de restituer l'équilibre corporel et l'harmonie interne. L'aromathérapie sert dans les massages, les compresses, les inhalations, les humidificateurs, les bains, les pommades et les gargarismes. Son utilisation dans les massages est la plus courante, car les composantes chimiques des huiles sont absorbées par la peau pour ensuite circuler dans l'organisme et produire des réactions chimiques qui s'apparentent à celles de certains médicaments. Les huiles essentielles doivent être utilisées sous la surveillance d'un professionnel de la santé.

Scutellaire latériflore

(Scutellaria lateriflora)

• **Parties utilisées.** Les parties aériennes (les feuilles et les fleurs) sont récoltées l'été. Elles servent en infusion, en capsule et en teinture.

• Originaire d'Amérique du Nord, cette plante a un goût amer et un peu astringent.

• Bénéfique pour le système nerveux, elle apaise le stress et l'anxiété. Elle possède un effet antispasmodique, utile pour soulager les inquiétudes qui causent la tension musculaire. Un remède idéal contre l'insomnie.

LES HUILES ESSENTIELLES DE A À Z

CAMOMILLE

Une huile sédative et apaisante. Le doux parfum de cette plante, à la fois floral et fruité, assure une bonne nuit de sommeil réparateur qui vous débarrassera de l'anxiété, de la colère et de la peur. Elle procure une sensation de calme et de bien-être, et dissipe les inquiétudes. Elle se combine à la bergamote, au géranium, au jasmin, à la lavande et à l'ylang-ylang. **Précaution.** Déconseillée pendant les quatre premiers mois d'une grossesse. À fortes doses, elle peut avoir un effet hypnotique.

CANNELLE

Recommandée pour soulager la tristesse. Elle possède des propriétés vigoureuses et contribue à diffuser l'anxiété avant d'aller au lit. **Précaution.** Déconseillée aux femmes enceintes ou qui allaitent. Toujours l'utiliser en dilution.

Lavande

(Lavandula officinalis)

• **Parties utilisées.** Les fleurs, et parfois les tiges, en infusion et en décoction.

• La lavande est cultivée partout en Europe et en Afrique du Nord, ainsi qu'aux États-Unis. Son parfum est puissant et agréable. Les feuilles peuvent être ajoutées aux salades, en substitut à la menthe.

• La lavande apaise et favorise le sommeil, réduit les palpitations cardiaques et l'insomnie. Elle peut être prise en infusion, et l'huile de lavande peut être appliquée topiquement ou ajoutée à l'eau du bain.

ASTUCE CONTRE LES NUITS BLANCHES

Un petit sachet de rêves

Préparez un sachet de houblon sec et placez-le dans la taie d'oreiller. Son parfum vous aidera à mieux dormir.

Houblon

(Humulus lupulus)

• **Parties utilisées.** Le houblon est le fruit (strobile) de la plante, comme l'épi du maïs. Il est généralement récolté sur les plantes femelles qui contiennent des graines grises recouvertes de glands jaunes. Le houblon est cultivé l'été. Il peut être consommé en infusion, en extrait liquide, en sirop ou en comprimé.

HUILES NEUTRES

Ces huiles servent à diluer les huiles essentielles pour les applications topiques. Les huiles essentielles doivent être mélangées à une huile neutre qui leur sert de véhicule. Parmi les choix possibles, optez pour l'huile de pépins de raisin ou l'huile d'amande douce, que vous trouverez dans les supermarchés et les pharmacies.

• C'est une vigne vivace qui exige des conditions humides et beaucoup de soleil. Il pousse abondamment dans le nord de la péninsule ibérique, bien qu'il soit cultivé un peu partout dans le monde. Son arôme est agréable et son goût légèrement amer et épicé.

• Le houblon possède des propriétés légèrement sédatives; il sert au traitement de l'insomnie, des palpitations cardiaques et de la nervosité maladive. Les fruits, dont le goût est amer, servent à aromatiser la bière.

LES HUILES ESSENTIELLES DE A À Z

ENCENS

Cette huile possède des propriétés tout particulièrement calmantes qui favorisent la méditation. Appliquée avant d'aller au lit, elle favorise un sommeil profond. Elle ralentit la respiration, et l'esprit se détend et s'apaise. Son arôme chaud, sucré et pénétrant crée une ambiance propice à la méditation. Il n'y a pas d'effets secondaires. À combiner avec le santal, le basilic, la bergamote et la lavande.

EUCALYPTUS

Le parfum fort, puissant et pénétrant de cette huile essentielle favorise le repos et rafraîchit l'air et l'ambiance. Il revitalise l'énergie et renforce le système nerveux. À combiner avec la bergamote, le genévrier, le citron et le romarin.
Précaution. Déconseillé si vous souffrez d'hypertension ou d'épilepsie. À utiliser en dilution, car l'eucalyptus peut irriter la peau

UNE INFUSION POUR BIEN DORMIR

Déposez 1 à 2 cuillerées à thé de camomille dans 1 tasse d'eau bouillante. Laissez infuser et filtrez. À boire avant d'aller au lit. Si la camomille ne procure pas l'effet souhaité, faites une infusion de tilleul, de lavande ou de fleurs de la passion dont les propriétés sont plus marquées.

Camomille allemande

(Matricaria recutita L.)

• **Parties utilisées.** Les têtes des fleurs, ou capitules, sont récoltées au printemps. La camomille peut être prise en infusion, soit une bonne cuillerée à soupe par tasse d'eau bouillante. Elle est également utilisée en décoction et en teinture.
• Bien qu'originaire d'Europe, la camomille est aussi cultivée en Amérique du Nord.
• Elle calme les nerfs et agit sur les spasmes musculaires; elle a un effet merveilleusement apaisant et contribue au bon fonctionnement du système digestif, surtout lorsqu'il est stressé.
• **Mise en garde.** La camomille n'a pas d'effets secondaires, sauf chez ceux qui y sont allergiques ou souffrent d'une intolérance.

Mélisse officinale

(Melissa officinalis)

• **Parties utilisées.** Les feuilles sont récoltées l'été, avant la pleine éclosion des fleurs, et sont utilisées (fraîches ou sèches) sous plusieurs formes. Une infusion de mélisse fraîche est un formidable tonique

relaxant. Son effet est plus puissant sous forme de teinture.

• La mélisse, utilisée en Europe, en Extrême-Orient et en Europe du Nord depuis des siècles, est cultivée partout dans le monde. Elle possède un léger goût à mi-chemin entre l'amer et le sucré.

• C'est un tonique relaxant pour combattre l'anxiété, la dépression légère, l'irritabilité et les problèmes digestifs engendrés par le stress.

• **Mise en garde.** Déconseillée si vous souffrez d'hyperthyroïdisme, car elle peut avoir un effet sur les sécrétions de la glande thyroïde.

AROMATHÉRAPIES

• ***Huiles pour dormir.*** *Voici une recette toute simple et efficace pour vous aider à bien dormir : 1/4 de tasse d'eau distillée dans un vaporisateur avec 7 gouttes d'huile essentielle de lavande et 5 gouttes d'huile de marjolaine. Pulvérisez sur le visage et les draps avant d'aller au lit.*

• ***Ambiance harmonieuse.*** *Avant d'aller au lit, aromatisez la chambre d'un parfum agréable tout à fait indiqué pour bien dormir en versant 5 à 8 gouttes d'huile essentielle dans un diffuseur thermique et en laissant l'huile s'évaporer.*

LES HUILES ESSENTIELLES DE A À Z

JASMIN

Le jasmin possède des propriétés antidépressives, aphrodisiaques, anti-douleur et sédatives. Il modère la respiration, calme les nerfs, suscite un état d'esprit positif et rétablit la confiance en soi.
Précaution. Déconseillé pendant la grossesse, mais il peut servir pendant l'accouchement car il induit les contractions et soulage la douleur.

LAVANDE

Équilibre les émotions et encourage le repos, en plus de soulager la douleur. Son arôme floral et bien net (son nom est dérivé du latin *lavare*, qui signifie « nettoyer ») a un effet modérateur sur le système nerveux central et sert au traitement de l'épuisement. Se combine à la bergamote, au géranium et au néroli.
Précaution. Déconseillé aux femmes enceintes.

Passiflore (fleur de la passion)

(Passiflora coerulea)

- **Parties utilisées.** Les fleurs et les feuilles sont utilisées en infusion. Le fruit est comestible.
- Originaire d'Amérique centrale, elle est cultivée comme plante de jardin. Une espèce semblable, la *Passiflora incarnata*, est cultivée en Europe.
- C'est l'un des meilleurs remèdes contre les crises d'anxiété, car elle n'a pas d'effets secondaires. Elle possède des caractéristiques sédatives et apaisantes, sans être dépressive. Elle favorise également le sommeil. Tout a fait indiquée dans le traitement du stress engendré par le travail, les sautes d'humeur et la nervosité causée par le syndrome prémenstruel et la ménopause.
- **Mise en garde.** Contre-indiquée si vous êtes enceinte ou pendant l'allaitement. Déconseillée aux enfants de moins de trois ans. Pour les enfants de moins de 12 ans, et sur avis médical, la dose sera proportionnelle au poids de l'enfant. Ne mangez le fruit que lorsqu'il est bien mûr, sinon il peut être toxique.

INFUSION APAISANTE

aux fleurs de la passion. Préparez une infusion de 2 cuillerées à soupe de fleurs séchées dans 2 tasses d'eau bouillante. Laissez infuser et filtrez. En boire quelques tasses quotidiennement.

Tilleul

(Tilia sp.)

- **Parties utilisées.** Les fleurs, les feuilles et les tiges peuvent être prises en infusion, mâchées ou servies en décoction.
- Aussi connu sous le nom de teille, fleurs de tilleul et tille. Originaire d'Europe, il pousse sous les climats tempérés dans un sol argileux. On le retrouve également en Asie et en Amérique du Nord et du Sud. Bien qu'il préfère un climat tropical, il est cultivé dans certaines zones

INFUSION DE TILLEUL

Combinez 3 cuillerées à thé de fleurs de tilleul séchées à 4 tasses d'eau bouillante. Laissez infuser et filtrez. À boire pour soulager les symptômes de nervosité.

froides de la Russie. Il en existe plusieurs espèces qui ont des caractéristiques communes.

• Le tilleul est un remède relaxant pour la tension nerveuse, qui apaise aussi les systèmes cardiaque et digestif affectés par le stress. Il possède des propriétés sédatives et antispasmodiques.

LES HUILES ESSENTIELLES DE A À Z

MARJOLAINE

Elle a un effet calmant sur le système nerveux central, réduit l'hyperactivité, calme l'anxiété, le stress et les traumatismes émotifs. Cependant des doses excessives peuvent diminuer l'acuité intellectuelle. Elle possède des propriétés antidouleur et favorise le sommeil. Son parfum végétal intense, mélangé à l'huile d'amande, soulage les états dépressifs. À combiner avec la lavande, la camomille et l'ylang-ylang. **Précaution.** À éviter pendant la grossesse. Déconseillée aux jeunes enfants.

TANGERINE

Son parfum durable, sucré, aromatique et floral calme l'anxiété et soulage la dépression. Il a un effet hypnotique et apaisant sur le système nerveux central. Il n'y a pas de contre-indication pour les femmes enceintes et les enfants. **Précaution.** Évitez l'exposition directe au soleil après l'application.

Bien s'alimenter pour mieux dormir

Un régime équilibré, sous surveillance médicale, et un horaire régulier pour les repas peuvent prévenir les nuits blanches.

Un repas à forte teneur en glucides (que l'organisme digère lentement) et faible en protéines peut favoriser le sommeil. Le pain, les pâtes, les pommes de terre et le riz en sont de bonnes composantes. Autant que possible, mangez des aliments riches en tryptophanes, un acide aminé essentiel à une bonne nuit de sommeil. Les tryptophanes sont présents dans la dinde, les figues, les bananes, les dattes, le yogourt et le thon. Des études récentes ont démontré que les acides gras de type oméga-3 favorisent le sommeil. Les graines de lin, de tournesol, de sésame, de citrouille et les noix sont de bonnes sources d'oméga-3. Les minéraux et les vitamines jouent également un rôle essentiel dans la prévention de l'insomnie. Nous avons compilé une liste des nutriments les plus importants pour favoriser le sommeil.

CONTRER L'APNÉE

L'apnée fait référence à une respiration obstruée ou interrompue à répétition pendant le sommeil. Elle peut être associée à l'obésité. Pour prévenir l'apnée, il est important d'éviter de consommer des aliments riches en calories et en gras, tels le beurre, la margarine, le lard, l'huile, les gâteaux, les biscuits et les fritures.

VITAMINES ET MINÉRAUX

MISE EN GARDE
Consultez toujours votre médecin avant d'apporter des changements à votre régime.

Nous avons besoin de vitamines et de minéraux que ne produit pas notre organisme à diverses fins dans notre corps. Notre régime alimentaire doit en comporter une quantité adéquate. Ceux qui ont un régime déficient en nutriments essentiels risquent d'être malades plus souvent et de souffrir d'insomnie. Des études ont montré que les aliments riches en vitamine C, en vitamines du complexe B et en minéraux tels le calcium et le magnésium favorisent le remplacement de l'énergie pendant le sommeil. Au fil des pages suivantes, nous vous présentons une série de nutriments, leurs fonctions, ainsi que les aliments qui contiennent ces vitamines et minéraux.

JUSTE ASSEZ MAIS PAS TROP

La règle d'or d'une bonne nuit de sommeil est de ne pas aller au lit le ventre vide, car vous aurez tendance à vous réveiller plus souvent si vous avez faim. D'autre part, pour vous assurer d'une bonne nuit de sommeil ininterrompu, évitez de trop boire au repas du soir. Dans le même ordre d'idées, évitez de trop manger, car l'insomnie peut être provoquée par des troubles gastriques. Autant que possible, prenez un repas léger deux à trois heures avant d'aller au lit.

Vitamine B_1

Ce nutriment hydrosoluble qui n'est pas produit par l'organisme doit donc être incorporé au régime alimentaire. Résistante à la lumière, la vitamine B_1 ne se disperse pas sous l'effet de la chaleur. Elle est détruite par l'alcool, le café et la pilule anticonceptionnelle. Elle aide à métaboliser les glucides et favorise une bonne digestion. C'est un nutriment important qui soutient le système nerveux, réduit les effets du stress et favorise le repos. Une carence en vitamine B_1 peut donner lieu, entre autres, à une dépression et à des sautes d'humeur. Parmi les aliments qui en sont une bonne source, citons le **germe de blé**, la **levure de bière**, les **céréales entières**, les **lentilles**, les **oranges**, le **jaune d'œuf** et les **noix**.

Vitamine B_2

Bien qu'elle soit résistante à la chaleur, elle est détruite par l'alcool, le stress et la pilule anticonceptionnelle. Elle assure le métabolisme des glucides, des protéines et des gras par l'oxygénation des cellules. En plus de favoriser le sommeil, c'est un nutriment essentiel au transport de l'oxygène dans l'organisme. Cette vitamine est présente dans la **levure de bière**, les **barres de céréales**, le **muesli**, les œufs, les **légumes verts**, les **produits laitiers**, le **poisson**, les **fruits secs** et les **noix** telles les **amandes** et les **noisettes**.

Vitamine B_3

L'acide aminé qu'on appelle tryptophane aide à synthétiser la vitamine B_3 dans l'organisme. Cette vitamine n'est pas sensible à la lumière, mais elle est détruite par l'alcool, la pilule anticonceptionnelle et les somnifères. Elle prévient les maladies cardiovasculaires, réduit le taux de cholestérol et intervient contre la nervosité, les sautes d'humeur, la paranoïa, les peurs et l'insécurité. Une carence en vitamine B_3 peut provoquer l'insomnie, car votre esprit sera agité et dans un état instable. Comme c'est le cas des autres membres du complexe vitaminique B, les **céréales entières**, le **poisson**, les **œufs**, les **dattes**, les **figues**, les **arachides**, les **amandes** et la **levure de bière** en sont de bonnes sources.

UN PETIT-DÉJEUNER ÉNERGISANT

Pour vous sentir plein d'énergie et en forme toute la journée, il faut prendre un bon petit-déjeuner, c'est-à-dire sain et nutritif, le matin avant de vous atteler à la tâche. Par exemple : des céréales avec du lait ou du yogourt, deux aliments riches en vitamines B_2 et E ; des jus de fruits, d'orange par exemple, pour la vitamine C ; des fruits saisonniers ; et même une omelette agrémentée de lamelles de jambon et de fromage.

Vitamine B_5

Ce nutriment, que synthétisent l'organisme et la flore intestinale, est détruit par l'alcool, le café, la pilule anticonceptionnelle et les somnifères, ainsi que par la cuisson. Il sert au métabolisme des glucides et des protéines. Il est utile pour soulager les effets du stress et de l'épuisement. Une carence en vitamine B_5 provoque des symptômes de fatigue et des troubles du système digestif. Les **viandes**, les **produits laitiers**, les **œufs**, la **levure de bière**, les **champignons**, les **céréales entières** et les **légumineuses** en sont de bonnes sources.

LE GERME DE BLÉ

Le germe de blé est riche en vitamines du complexe B, en plus d'être une bonne source de fer, de phosphore et de vitamine E. Son apport en magnésium, en cuivre et en potassium le rend très utile au bon fonctionnement du système nerveux.

Ajoutez un peu de germe de blé moulu au yogourt, aux fruits ou aux céréales. Ou encore, combinez-le aux salades, aux soupes ou aux ragoûts pour composer des repas plus nutritifs.

LA DINDE

La viande blanche de la dinde, faible en gras, est un aliment fortement conseillé pour contrer l'insomnie, car sa forte teneur en tryptophanes favorise le sommeil.

LE LAIT ET LE MIEL

Le lait est une bonne source de vitamines du complexe B. Son odeur et son goût nous rappellent l'enfance. Une tasse de lait chaud sucré au miel est une boisson réconfortante, parfaite avant d'aller au lit, qui assure un bon apport de calcium et de gras dont l'organisme a besoin. Il régule également le taux d'insuline dans l'organisme. L'insuline ainsi dispersée stimule la production de tryptophanes et favorise la sécrétion de sérotonine, un neurotransmetteur qui facilite la communication entre les neurones et provoque une sensation de fatigue. Les glucides présents dans le miel accélèrent l'assimilation des tryptophanes contenus dans le lait. Vous pouvez remplacer le miel par de la mélasse, riche en potassium, en cuivre, en fer, en calcium, en phosphore, en magnésium, et en vitamines B et C.

Vitamine B_6

Ce nutriment est détruit par l'alcool et la pilule anticonceptionnelle. Les végétariens ont besoin d'une quantité moindre de vitamine B_6 que ceux qui mangent de la viande. C'est une vitamine essentielle au système immunitaire, qui soutient le métabolisme, surtout celui des protéines. Elle est fortement présente dans les aliments naturels ; on la trouve dans le **germe de blé**, la **levure de bière**, les **céréales entières**, le **poisson** et les **œufs**. Une carence de cette vitamine est associée à l'insomnie ; il est sage d'inclure des aliments riches en vitamine B_6, tels le porc et le saumon, dans votre régime.

Vitamine B_8

Soutient le métabolisme des glucides, des protéines et des gras. Elle est présente dans le **lait**, la **levure**, les **arachides**, le **jaune d'œuf** et les **légumineuses**.

ATTENTION AUX SUCRERIES

Évitez d'en manger autant que possible. Le sucre, les bonbons, les biscuits, les gâteaux et les boissons gazeuses augmentent le taux de sucre dans le sang pour ensuite en provoquer la chute « subite ». Ces aliments peuvent occasionner une sensation d'épuisement et de fatigue, entravant ainsi les conditions favorables à un repos bienfaiteur.

Vitamine B_9 ou acide folique

Synthétise l'ADN et les globules rouges. Une carence en vitamine B_9 peut provoquer de l'anémie et des parasites intestinaux, et, par conséquent, des troubles du sommeil. Parmi les aliments qui en sont une bonne source : les **haricots**, les **fruits secs**, les **cruciformes** (choux), les **épinards**, le **brocoli** et les autres **légumes verts feuillus**, les **amandes**, les **arachides** et la **levure de bière**.

Vitamine B_{11}

Favorise le métabolisme des gras et abaisse le taux de cholestérol. Augmente l'énergie et l'endurance musculaire, en plus de contrer la dépression et les effets du stress.

Une carence en vitamine B_{11} affaiblit les muscles et décroît l'acuité intellectuelle. Cette vitamine est présente dans les **viandes**, la **levure de bière**, le **lait**, le **jaune d'œuf** et les **huîtres**.

Vitamine B_{12}

Cette vitamine hydrosoluble est détruite par la cuisson et la lumière. Elle est également détruite par l'alcool, la pilule anticonceptionnelle et les somnifères. C'est une composante d'une partie des globules rouges. Sur ordonnance médicale, elle sert à contrer l'anémie en favorisant l'absorption du fer par les globules rouges. Une carence provoquera un état de fatigue ou de nervosité excessive. Elle est présente dans les **produits dérivés des viandes**, ce qui explique pourquoi les végétariens ont tendance à en manquer. Les **viandes**, les **rognons**, le **foie**, les **produits laitiers** et les **œufs** en sont de bonnes sources. Elle est également présente dans le **pollen**, la **spiruline** (ou algue bleue) et la **levure de bière**.

AU QUOTIDIEN

La consommation d'au moins 2 agrumes par jour fournit une bonne dose de vitamine C. Pour vous assurer d'un apport adéquat de vitamine C, il est essentiel de boire au moins un verre de jus de fruits chaque jour.

Vitamine C

Cette vitamine hydrosoluble est détruite par la cuisson, le tabac et l'aspirine. Elle soutient le système immunitaire et est très bénéfique à l'organisme. Une carence en vitamine C peut augmenter la susceptibilité aux maladies infectieuses, tel le rhume, et provoquer bon nombre de problèmes physiques, incluant l'insomnie. Elle est présente dans les **agrumes**, les **goyaves**, les **kiwis**, les **légumes verts feuillus**, les **tomates**, le **chou-fleur** et les **patates douces**.

LA LAITUE

La laitue verte et feuillue est riche en calcium, lequel favorise le sommeil. De plus, le potassium présent dans la laitue est un nutriment essentiel au bon fonctionnement du système nerveux.

Pour bien dormir, faites bouillir pendant cinq minutes 1 ou 2 feuilles de laitue dans 2 tasses d'eau. Laissez refroidir, puis filtrez. Sucrez le mélange et buvez-en 1 tasse une demi-heure avant d'aller au lit. Cette infusion est déconseillée à ceux qui souffrent de troubles du canal biliaire.

Calcium

Le calcium présent dans l'organisme est à toutes fins utiles entièrement concentré dans les os et les dents, et seulement 1 % circule librement dans les tissus et les fluides. Cet oligoélément est important pour la coagulation du sang et les contractions du muscle cardiaque. C'est également un élément essentiel à la transmission des signaux nerveux. Une carence peut provoquer des crampes, des spasmes, un pouls faible, des palpitations cardiaques et de l'insomnie. Le calcium se retrouve dans les **produits laitiers**, les **graines de sésame** et de **tournesol**, les **amandes**, les **noisettes** et **autres noix**, les **algues** et les **légumes frais**.

POUR BIEN ASSIMILER LE FER

Les jus de fruits, par exemple d'orange, de lime ou de pamplemousse, favorisent l'assimilation du fer, alors que le café et le thé ont l'effet contraire, entravant son absorption. Pour mieux profiter de ses effets bénéfiques, ajoutez du jus de citron aux vinaigrettes et aux préparations alimentaires que vous mangerez en buvant de la limonade. Évitez de consommer du thé ou du café après les repas.

Fer

Le fer est présent dans les globules rouges de l'organisme et est essentiel à la formation de l'hémoglobine, une protéine qui assure le transport de l'oxygène vers les cellules. Une carence entraîne l'anémie et réduit l'immunité face aux maladies, en plus de provoquer la fatigue et un faible niveau d'énergie. De plus, une carence peut engendrer l'insomnie. Les sources principales de fer sont les **viandes blanches et rouges**, les **haricots**, les **fruits secs**, les **raisins secs**, les **lentilles**, les **graines de tournesol** et les **légumes verts feuillus**, tels les **pissenlits**, les **épinards** et le **chou frisé**.

Magnésium

Il joue un rôle essentiel dans le développement de la masse musculaire et le maintien d'une bonne santé cardiovasculaire. Il active les enzymes et stabilise les molécules organiques, agissant de concert avec le calcium et le phosphore. Près de 70 pour cent du magnésium de l'organisme est concentré dans les os, alors que les 30 pour cent restants sont logés dans le sang et les tissus (le système musculaire renferme plus de magnésium que de calcium). Une carence entraîne des sautes d'humeur, du stress et de l'insomnie, et se manifeste surtout chez ceux qui sont à la diète depuis trop longtemps. Les **fruits secs** en sont une excellente source, et parmi les autres aliments riches en magnésium, notons les **amandes**, le **soja**, les **flocons d'avoine**, les **figues** et les **dattes**.

TISANE APAISANTE
aux graines de tournesol

Faites infuser 1 cuillerée à soupe de graines de tournesol dans 4 tasses d'eau bouillante. Laissez refroidir, filtrez et ajoutez un soupçon de miel. Cette tisane soulage les tensions quotidiennes et favorise un meilleur sommeil. Buvez-en 1 tasse tiède une demi-heure avant d'aller au lit.

RÈGLES DE BASE POUR BIEN MANGER ET MIEUX DORMIR

Au fur et à mesure que vous modifiez vos habitudes de sommeil, changez aussi les heures de vos repas (petit-déjeuner, dîner, collations et souper). Par exemple, s'il vous arrive de vous réveiller plus tôt et de vous coucher plus tard que d'habitude, prenez votre petit-déjeuner et les autres repas plus tôt, en décalant également l'heure du repas du soir en fonction de cet horaire.

- **Le petit-déjeuner** est le repas le plus important de la journée ; il doit être riche en vitamines, en protéines et en calories.
- **Faites une pause** en cours de matinée pour prendre une petite collation, par exemple un yogourt, un fruit (en saison), une boisson à la gélatine ou un bouillon (l'hiver).
- **Le dîner** doit être riche en protéines (bœuf, volaille, poisson ou porc), accompagné de légumes saisonniers.
- **N'oubliez pas de prendre une collation** l'après-midi, par exemple un yogourt ou un fruit. Autant que possible, évitez la caféine l'après-midi.
- **Le souper** doit être un repas léger, sans trop d'huiles, de gras, d'aliments riches en protéines et autres qui exigent une digestion laborieuse. Choisissez entre un plat de pâtes, du riz avec un œuf dur, des fruits, ou encore de la confiture ou du fromage avec du pain.
- **Les boissons alcooliques** sont trompeuses, car malgré la somnolence qu'elles semblent provoquer, elles ne favorisent pas un sommeil réparateur.

FLOCONS D'AVOINE

Pour femmes enceintes

Les flocons d'avoine ont des propriétés sédatives, diurétiques, minérales et antioxydantes. Ils offrent de nombreux avantages aux femmes enceintes qui ont du mal à dormir ou qui souffrent de nervosité circonstancielle. Il est conseillé d'en manger un bol chaque jour ou de prendre 1 cuillerée à thé de teinture de flocons d'avoine diluée dans l'eau trois fois par jour.

Un régime pour mieux dormir et avoir plus d'énergie

Un régime alimentaire riche en tryptophanes améliore la qualité du sommeil. Les tryptophanes sont des acides aminés essentiels à la production de la sérotonine, un neurotransmetteur qui assure la communication entre les cellules nerveuses et qui provoque la somnolence.

Pour que les tryptophanes soient efficaces dans le traitement de l'insomnie, l'apport quotidien doit être de 1 à 5 mg. Cet acide aminé abonde dans les céréales entières, la dinde, le thon, les bananes et les plantains, les dattes, les figues sèches, les noix, le yogourt et le lait.

À titre de suggestion, nous avons élaboré un menu hebdomadaire équilibré qui incorpore des aliments destinés à favoriser le sommeil.

INFUSION RELAXANTE AU MIEL

Ingrédients

- 2 cuillerées à soupe de fleurs de houblon
- 1 cuillerée à soupe de fleurs de citronnier
- 1 cuillerée à soupe d'aubépine

Préparation

Versez 1 cuillerée de ce mélange dans 1 tasse d'eau bouillante, couvrez et laissez reposer 15 minutes, puis filtrez. Ajoutez un peu de miel et buvez tiède.

LUNDI

PETIT-DÉJEUNER
- *1 verre de jus d'orange avec 3 cuillerées à thé de levure de bière et 3 gouttes d'huile de germe de blé*
- *1 verre de lait écrémé avec 1 cuillerée à thé de café instantané sans caféine*
- *2 tranches de pain de blé entier*
- *1 cuillerée à thé de miel*

DÎNER
- *Riz entier accompagné d'épinards*
- *Salade de tomates et de céleri*
- *180 g (6 oz) de porc maigre*

COLLATION
- *5 noix*
- *1 tasse de yogourt à faible teneur en gras*

SOUPER
- *1 tasse de bouillon de légumes avec 1 cuillerée de levure de bière et de germe de blé*
- *Salade de laitue, de germes de soja et de fenouil*
- *2 tranches de pain de blé entier*
- *1 poire*
- *Infusion relaxante au miel**

MARDI

PETIT-DÉJEUNER
- *1 verre de jus d'orange avec 3 cuillerées à thé de levure de bière et 3 gouttes d'huile de germe de blé*
- *1 verre de lait écrémé*
- *2 tranches de pain de blé entier avec 2 cuillerées à thé de confiture aux prunes*

DÎNER
- *1 hamburger de soja*
- *150 g (5 oz) d'épinards sautés ou cuits à la vapeur*
- *Salade de pommes de terre, de carottes et de pois mange-tout*
- *2 tranches de pain de blé entier*

COLLATION
- *1 tasse de yogourt à faible teneur en gras*

SOUPER
- *1 tasse de bouillon de légumes avec 1 cuillerée de levure de bière et de germe de blé*
- *Courgettes sautées*
- *2 tranches de pain de blé entier*
- *Infusion relaxante au miel**

MERCREDI

PETIT-DÉJEUNER
- *1 verre de jus d'orange avec 3 cuillerées à thé de levure de bière et 3 gouttes d'huile de germe de blé*
- *1 verre de lait écrémé*
- *60 g (2 oz) de muesli*

DÎNER
- *Poulet grillé accompagné de poireaux, de poivrons rouges et de betteraves*
- *1 tranche de pain de blé entier*
- *1 fruit*

COLLATION
- *45 g (1 1/2 oz) de dattes*
- *1 tranche de pain de blé entier*
- *Lait malté écrémé*

SOUPER
- *1 tasse de bouillon de légumes avec 1 cuillerée de levure de bière et de germe de blé*
- *Flan à l'aubergine avec salade de betteraves*
- *2 tranches de pain de blé entier*
- *Infusion relaxante au miel**

JEUDI

PETIT-DÉJEUNER

- *1 verre de jus d'orange avec 3 cuillerées à thé de levure de bière et 3 gouttes d'huile de germe de blé*
- *1 verre de lait écrémé*
- *3 biscottes de grains entiers*

DÎNER

- *Purée de citrouille et de pommes de terre*
- *200 g (7 oz) de poisson grillé*
- *Salade verte*

COLLATION

- *1 banane*
- *2 tranches de pain de blé entier*

SOUPER

- *1 tasse de bouillon de légumes avec 1 cuillerée de levure de bière et de germe de blé*
- *Pâtes et brocolis sautés*
- *2 tranches de pain de blé entier*
- *Infusion relaxante au miel**

VENDREDI

PETIT-DÉJEUNER

- *1 verre de jus d'orange avec 3 cuillerées à thé de levure de bière et 3 gouttes d'huile de germe de blé*
- *1 verre de lait écrémé avec 1 cuillerée à thé de café déca ou de malt*
- *2 tranches de pain de blé entier*

DÎNER

- *Salade de thon, de pommes de terre, de laitue, de carottes, de betteraves et de poivron rouge*
- *1 fruit*

COLLATION

- *5 figues sèches*
- *2 tranches de pain de blé entier*

SOUPER

- *1 tasse de bouillon de légumes avec 1 cuillerée de levure de bière et de germe de blé*
- *Salade de légumes cuits à la vapeur avec 1 tasse de riz brun*
- *2 tranches de pain de blé entier*
- *Infusion relaxante au miel**

SAMEDI

PETIT-DÉJEUNER

- *1 verre de jus d'orange avec 3 cuillerées à thé de levure de bière et 3 gouttes d'huile de germe de blé*
- *1 verre de lait écrémé avec 1/2 tasse de céréales*

DÎNER

- *150 g (5 oz) de dinde*
- *Salade de basilic frais et de tomates, avec de la mozzarella fraîche*
- *2 tranches de pain de blé entier*

COLLATION

- *1 tasse de yogourt à faible teneur en gras*
- *2 tranches de pain de blé entier*

SOUPER

- *1 tasse de bouillon de légumes avec 1 cuillerée de levure de bière et de germe de blé*
- *Flan aux épinards avec purée de citrouille*
- *Poires en compote*
- *Infusion relaxante au miel**

DIMANCHE

PETIT-DÉJEUNER
- *1 verre de jus d'orange avec 3 cuillerées à thé de levure de bière et 3 gouttes d'huile de germe de blé*
- *1 verre de lait écrémé*
- *2 tranches de pain blé entier*

DÎNER
- *Poisson grillé accompagné de légumes cuits à la vapeur*
- *Compote de pommes*
- *1 tranche de pain de blé entier*

COLLATION
- *Salade de fruits*

SOUPER
- *1 tasse de bouillon de légumes avec 1 cuillerée de levure de bière et de germe de blé*
- *Salade de chicorée, de noix et de yogourt*
- *2 tranches de pain de blé entier*
- *Infusion relaxante au miel**

* Voir l'encadré *Infusion relaxante au miel*, page 60

MAQUEREAU, SAUMON ET SARDINES

Ces poissons sont riches en acides gras oméga-3, lesquels renforcent le système nerveux et soutiennent la bonne santé des fonctions cérébrales et nerveuses. La consommation quotidienne de ces poissons rend l'organisme plus résistant aux effets du stress ; ce sont en outre des aliments très nutritifs.

LES FRUITS QUI AIDENT À DORMIR

Les figues, les bananes et les dattes ont une forte teneur en tryptophanes, un acide aminé qui favorise le sommeil. Formidables dans les desserts à la fin du souper, ces fruits sont garants d'une bonne nuit de sommeil.

Insomnie

4  Introduction

12  Thérapies complémentaires

40  Plantes médicinales

50  Les aliments qui guérissent